Eva Danner

Kresse, Kürbis & Karotte

13 Kleine Projekte rund um Garten, Beet & Co

Für Kinder von 1 bis 4 Jahren

Impressum

Titel
Kresse, Kürbis und Karotte: 13 kleine Projekte rund um Garten, Beet & Co.
Für Kinder von 1 bis 4 Jahren

Autorin
Eva Danner

Umschlagfotos
Eva Danner

Umschlag-Illustrationen
Anja Boretzki

Fotos
wenn nicht anders angegeben: Eva Danner

Icons
Anja Boretzki; Massageball: Eva Spanjardt

Druck
AZ Druck und Datentechnik GmbH, Kempten, DE

Bilder der Handpuppe Schnecke von FOLKMANIS-PUPPETS mit freundlicher Genehmigung von FOLKMANIS PUPPETS/EUROPE.

Die abgebildeten Handpuppen Rabe (= Amsel) und Gretel entspringen der Marke Sterntaler.

Verlag an der Ruhr
Mülheim an der Ruhr
www.verlagruhr.de

Geeignet für Kinder von 1–4 Jahren

Unser Beitrag zum Umweltschutz:
Wir sind seit 2008 ein ÖKOPROFIT®-Betrieb und setzen uns damit aktiv für den Umweltschutz ein. Das ÖKOPROFIT®-Projekt unterstützt Betriebe dabei, die Umwelt durch nachhaltiges Wirtschaften zu entlasten. Unsere Produkte sind grundsätzlich auf chlorfrei gebleichtes und nach Umweltschutzstandards zertifiziertes Papier gedruckt.

ISBN 978-3-8346-3821-2

Inhaltsverzeichnis

Entdeckungen in Garten und Gemüsebeet

Kinder sind gerne draußen in der Natur und sie interessieren sich für alles, was lebt, wächst und gedeiht. Das ist bei Krippenkindern nicht anders. Schon die Jüngsten sind gerne aktiv dabei, wenn man Samen einpflanzt, das Wachstum von Pflanzen beobachtet, Obst und Gemüse ernten und probieren kann. Bereits ein kleines Gemüsebeet reicht aus, um mit den Kleinen das **Gärtnern** mit allen Sinnen erleb- und erfahrbar zu machen. Erde umgraben, einsäen, pflanzen, gießen, pflegen und das Wachstum beobachten – das macht schon den jüngsten Kindern viel Spaß und sie sammeln vielerlei Erfahrungen draußen in der freien Natur. Zusätzlich erleben sie, wie es ist, für etwas die Verantwortung zu tragen und sich um das Beet und die darin angebauten Pflanzen zu kümmern. Dies fördert die Selbstständigkeit und Fingerfertigkeit der Kleinen und macht natürlich viel Freude. Sie erfahren, dass Obst und Gemüse allein durch ihre Bemühungen geerntet werden können, weil sie die Pflanzen gesät und gepflegt haben. Das gemeinsame Verzehren von Gurken, Erdbeeren etc. ist der Lohn für die Mühe.

Wie genau das Gärtnern mit Kindern unter drei geht, möchte ich Ihnen im Folgenden gerne vorstellen: Seien Sie Ihren Jüngsten **Vorbild**, indem Sie aufmerksam Ihre Umwelt betrachten und die Kinder dazu anregen, die Natur bewusst wahrzunehmen. Zeigen Sie den Kleinen die Schönheit und Vielfältigkeit der Natur und wecken Sie ihr Interesse daran. Während aller **vier Jahreszeiten** kann man Garten und Beet beobachten und Interessantes wahrnehmen. Die Natur verändert sich im Jahreskreis: Pflanzen keimen oder verdorren, Tiere wachsen und verändern dabei ihr Äußeres. Beginnen sollten Sie ein solches „Gartenprojekt" jedoch vorzugsweise im Frühjahr. Zwar ist dann noch alles leer und kahl, doch schon bald erwacht die Natur aus ihrem Winterschlaf und draußen wird es lebendig, bunt und vielfältig. Frühblüher strecken ihre Köpfe aus der Erde, erste Tiere werden munter und Vögel zwitschern fröhlich ihre Lieder. Im Sommer wachsen dann viele Obst- und Gemüsesorten heran, welche im Spätsommer oder Herbst geerntet werden können, ehe im Winter allmählich wieder Ruhe im Garten einkehrt, die Farben verschwinden und Pflanzen und Tiere ihre Winterruhe halten.

Ein kleines **Beet** oder ein **Hochbeet** ist ausreichend, um die einzelnen Projekte umzusetzen, je mehr Platz Sie jedoch zur Verfügung haben, umso größer und vielfältiger kann die Auswahl Ihrer Obst-, Gemüse- und Blumensorten sein, welche Sie anpflanzen möchten. Wichtig ist, dass Sie nährstoffreiche Erde in Ihrem Beet haben, es einen geeigneten Standort hat und dass Sie Freude und Spaß an der Umsetzung eines solchen Gartenprojektes haben.
Um mit den Kindern in Ihrem Außengelände gärtnern zu können, brauchen Sie nicht einmal viel Platz, denn in einem kleinen Hochbeet lässt sich bereits einiges an Obst und Gemüse anpflanzen.
Viele Sorten bevorzugen eine sonnige Lage, was Sie bei der **Standortwahl** berücksichtigen sollten. Achten Sie auch darauf, dass das Beet nie auf Pflasterflächen oder dergleichen steht, da Gieß- und Regenwasser ansonsten nicht ins Erdreich abfließen und die Wurzeln der Pflanzen somit faulen können, da Staunässe entsteht.
Die **Beetgröße** richtet sich nach Ihren Wünschen und dem vorhandenen Platz und natürlich nach der Obst- und Gemüsemenge, die Sie mit Ihren Jüngsten anbauen möchten.
Sie können einen **fertigen Bausatz** für das Hochbeet verwenden, es **selbst bauen** oder sich eines professionell anlegen lassen. Egal für welche Variante Sie sich entscheiden, sprechen Sie mit einem Gärtner darüber, wie das Beet richtig befüllt werden muss (Blumenerde, Kompost, Laubschnitt etc.) und wann hierfür der geeignete Zeitraum ist. Meist eignet sich der Herbst recht gut, damit Sie gleich im Frühling mit dem Vorbereiten und Anbauen beginnen können.
Der Vorteil eines Hochbeetes besteht darin, dass es für Sie relativ rückenschonend ist und auch die Kinder gut beim Gärtnern mithelfen können. Natürlich können Sie auch ein Gartenbeet direkt auf dem Boden nutzen, ganz nach Ihrem Platzangebot und Ihren Vorstellungen.

Sie benötigen keine Unmengen an Gerätschaften, um mit den Kleinen gärtnern zu können.

Folgende Gerätschaften/Utensilien eignen sich gut:

- ✓ kleine Schaufeln, Harken und Rechen
- ✓ Kindergießkannen
- ✓ Spaten
- ✓ Blumentöpfe, Joghurtbecher o. Ä. zum Vorziehen einiger Pflanzen

Ist es draußen matschig, eignen sich Matschhosen und Gummistiefel prima, damit die Kleinen nach Herzenslust im Garten aktiv werden können.

Scheint die Sonne, sollten Sie immer auf ausreichend Sonnenschutz, Kopfbedeckungen und natürlich auf eine nicht allzu lange Zeitspanne achten, während der sich Ihre Kleinen am Beet aufhalten.

Entdeckungen in Garten und Gemüsebeet

Bitte bedenken Sie auch, dass sich jemand während der **Ferien-/Schließzeiten** um Ihr Beet kümmern muss und die Pflanzen auch während dieser Zeiten ausreichend bewässert werden müssen.
Ich habe speziell für jüngere Kinder **Pflanzen** gewählt, die zügig wachsen, sodass die Kleinsten viel Spaß beim Beobachten, Gießen und Ernten haben können. Von Erdbeeren über Karotten bis hin zu Kapuzinerkresse und Salat findet sich alles in diesem Buch. Manches wird als Samen verwendet, bei anderen Pflanzen gibt es Setzlinge oder Zwiebeln, die entweder auf der Fensterbank vorgezogen oder direkt ins Gemüsebeet oder den Garten gepflanzt werden können.

Tulpe • Tulpe • Tulpe • Tulpe • Tulpe • Tulpe • Tulpe • Tulpe • Tulpe	
Aussaat:	Auspflanzen der Zwiebeln: September bis November
Keimling:	Zwiebeln
Pflanztiefe:	10–15 cm
Keimdauer:	–
Standort:	sonnig, warm, humusreicher Boden
Wasserbedarf:	regelmäßig gießen, keine Staunässe
Zeit zur Ernte/Blüte:	März bis Mai
Besonderheiten:	Eine gut geeignete Sorte ist die Darwin-Tulpe, da sie robust und unproblematisch in der Pflege ist.

© womue – fotolia.com

Feuerbohne • Feuerbohne • Feuerbohne • Feuerbohne • Feuerbohne • F	
Aussaat:	Vorkultur ab April, Aussaat und Auspflanzen ab Mai
Keimling:	Samen (Bohnen)
Pflanztiefe:	3–4 cm
Keimdauer:	5–10 Tage
Standort:	sonnig, windgeschützt, lockerer Boden
Wasserbedarf:	regelmäßig gießen, keine Staunässe
Zeit zur Ernte/Blüte:	August bis Oktober
Besonderheiten:	Kann im Topf vorgezogen und später in den Garten gepflanzt werden, benötigt eine Rankhilfe.

© dima_pics – fotolia.com

Erdbeere • Erdbeere • Erdbeere • Erdbeere • Erdbeere • Erdbeere • Erdbee	
Aussaat:	ab März (oder bereits ab Juli des Vorjahres)
Keimling:	Jungpflanze (Ableger) oder Samen
Pflanztiefe:	das Herz der Pflanze muss über der Erde sein
Keimdauer:	21 Tage
Standort:	sonnig, lockerer, nährstoffreicher Boden
Wasserbedarf:	regelmäßig gießen, keine Staunässe
Zeit zur Ernte/Blüte:	ab Juni
Besonderheiten:	Unkraut sollte immer sofort entfernt werden, damit die Erdbeeren gut wachsen können.

© volff – fotolia.com

Kapuzinerkresse • Kapuzinerkresse • Kapuzinerkresse • Kapuzinerkr	
Aussaat:	Vorkultur ab März, Aussaat ab April/Mai
Keimling:	Samen
Pflanztiefe:	2–3 cm
Keimdauer:	10–20 Tage
Standort:	sonnig bis halbschattig, magerer Boden
Wasserbedarf:	regelmäßig gießen
Zeit zur Ernte/Blüte:	Juni bis Oktober
Besonderheiten:	Kommt nahezu ohne Pflege aus und sieht sehr dekorativ aus.

© silencefoto – fotolia.com

Kopfsalat • Kopfsalat • Kopfsalat • Kopfsalat • Kopfsalat • Kopfsalat •	
Aussaat:	Vorkultur ab Feb./März, Aussaat und Auspflanzen ab März/April
Keimling:	Samen oder Jungpflanze (Salatsetzling)
Pflanztiefe:	nicht zu tief einpflanzen, Salatherz nicht mit Erde bedecken
Keimdauer:	6–14 Tage
Standort:	sonnig, humusreicher Boden
Wasserbedarf:	regelmäßig gießen
Zeit zur Ernte/Blüte:	ab Mai
Besonderheiten:	Sie sollten nur so viel Salat pflanzen, wie Sie auch verwerten können, da dieser sich nicht lange lagern lässt und bereits nach 6–8 Wochen geerntet werden kann.

© photohampster – fotolia.com

Speisezwiebel • Speisezwiebel • Speisezwiebel • Speisezwiebel • Speise	
Aussaat:	Aussetzen der Steckzwiebeln: ab März/April
Keimling:	Steckzwiebeln
Pflanztiefe:	der obere Teil sollte noch aus der Erde herausschauen
Keimdauer:	–
Standort:	sonnig, warm, gerne windig, luftdurchlässiger Boden
Wasserbedarf:	wenig Wasser, keine Staunässe
Zeit zur Ernte/Blüte:	ab August
Besonderheiten:	Unkraut sollte immer sofort entfernt werden, damit die Zwiebeln gut wachsen können.

© Buriy – fotolia.com

Tomate • Tomate • Tomate • Tomate • Tomate • Tomate • Tomate • To	
Aussaat:	Vorkultur ab März, Auspflanzen ab Mitte Mai
Keimling:	Jungpflanze oder Samen
Pflanztiefe:	Samen 1 cm; Jungpflanzen recht tief einpflanzen, Wurzelballen soll etwa 5 cm unter der Erde liegen
Keimdauer:	10–30 Tage
Standort:	sonnig, nährstoffreicher Boden
Wasserbedarf:	regelmäßig gießen
Zeit zur Ernte/Blüte:	ab Juli
Besonderheiten:	Entfernen Sie regelmäßig Seitentriebe von der Pflanze und geben Sie ihr eine Rankhilfe zum Emporklettern. **Vorsicht**, die Pflanzenteile und die unreifen Früchte sind giftig.

© AK-DigiArt – fotolia.com

Entdeckungen in Garten und Gemüsebeet

Radieschen • Radieschen • Radieschen • Radieschen • Radieschen •	
Aussaat:	Vorkultur ab Februar, Aussaat ab März
Keimling:	Samen
Pflanztiefe:	ca. 1 cm
Keimdauer:	etwa 1 Woche
Standort:	halbschattiger, heller Platz, nährstoffreicher Boden
Wasserbedarf:	regelmäßig gießen
Zeit zur Ernte/Blüte:	etwa 4–6 Wochen nach der Aussaat
Besonderheiten:	Radieschen nie zu eng säen, da sie sonst nur Blätter, aber keine Knollen bilden.

Salatgurke • Salatgurke • Salatgurke • Salatgurke • Salatgurke • Salatgurke	
Aussaat:	Vorkultur ab April, Aussaat ab Mai (besser vorziehen)
Keimling:	Jungpflanzen oder Samen
Pflanztiefe:	tief einpflanzen
Keimdauer:	3–4 Tage
Standort:	warm, sonnig, windgeschützt, nährstoffreicher Boden
Wasserbedarf:	oft gießen
Zeit zur Ernte/Blüte:	Juli–September im Freiland
Besonderheiten:	Da Gurken einen sehr hohen Wasserbedarf haben, achten Sie darauf, diese ausreichend zu gießen. Mit einer Rankhilfe gedeihen sie noch besser.

Sonnenblume • Sonnenblume • Sonnenblume • Sonnenblume •	
Aussaat:	Vorkultur ab März, Aussaat und Auspflanzen ab Mai
Keimling:	Samen (Sonnenblumenkerne)
Pflanztiefe:	2–3 cm
Keimdauer:	7–14 Tage
Standort:	sonnig, windgeschützt, nährstoffreicher Boden
Wasserbedarf:	regelmäßig gießen
Zeit zur Ernte/Blüte:	Juli bis Oktober
Besonderheiten:	Achten Sie darauf, dass die Keimlinge keinem Frost ausgesetzt sind, denn diesen vertragen Sonnenblumen überhaupt nicht.

Karotte • Karotte • Karotte • Karotte • Karotte • Karotte • Karotte •	
Aussaat:	ab März
Keimling:	Samen
Pflanztiefe:	1–2 cm
Keimdauer:	20 Tage
Standort:	warm, sonnig, gerne windig, nährstoffreicher Boden
Wasserbedarf:	regelmäßig gießen
Zeit zur Ernte/Blüte:	ab Juni
Besonderheiten:	Karottensamen sollten nie zu dicht gesät werden.

Kürbis • Kürbis • Kürbis • Kürbis • Kürbis • Kürbis • Kürbis • Kürbis •	
Aussaat:	ab April/Mai
Keimling:	Jungpflanze oder Samen
Pflanztiefe:	2–3 cm
Keimdauer:	6–10 Tage
Standort:	warm, sonnig, humusreicher Boden
Wasserbedarf:	regelmäßig gießen, Staunässe vermeiden
Zeit zur Ernte/Blüte:	ab Juli/August
Besonderheiten:	Kürbispflanzen benötigen viel Platz im Beet/Garten, da sie recht groß werden. Ansonsten sind sie anspruchslos.

Auch **verschiedene Tierarten**, wie Maulwurf, Amsel und andere Gartenbewohner, werden näher betrachtet und die **Schneckenhandpuppe Louise** kann die Kinder während des gesamten Projektes begleiten.
Dieses Buch beinhaltet **13 Projekte mit 5–7 Einzelangeboten** zu verschiedenen Tier- und Pflanzenarten. Sie sind auf die Bedürfnisse von Krippenkindern ausgerichtet und bereits mehrfach in der Praxis erprobt worden. Jedoch bedarf es hierbei, wie bei Projekten für ältere Kinder auch, einer gewissen Planung und Vorbereitung vonseiten der Erzieherin*. Ich habe versucht, die Vorbereitung so gering wie möglich zu halten, sodass die Inhalte schnell und unkompliziert umsetzbar sind.

Ganzheitlichkeit ist der Schlüssel zu lustvollem und nachhaltigem Lernen, weshalb alle Projekte vielfältig erarbeitet und gestaltet werden können und alle Sinne der Kinder anregen sollen. Die Freude steht immer im Vordergrund und jedes Kind entscheidet selbst, ob es an den jeweiligen Angeboten teilnehmen möchte oder nicht. **Freiwilligkeit** hat immer oberste Priorität.
Jedes Projekt enthält ein eigenes Vorwort mit Wissenswertem zur jeweiligen Tier- und/oder Pflanzenart, die in diesem Kapitel behandelt wird. Dabei erfahren Sie Interessantes über Wachstum, Pflege und Ernte, Charakteristisches der jeweils vorgestellten Pflanze und was man beim Anbau beachten sollte, z. B. die Auswahl des Standortes betreffend etc. Alle Projekte werden individuell ergänzt oder vertieft und zwar mit Geschichten, Finger- oder Bewegungsspielen, Liedern und vielem mehr.

* Aus Gründen der besseren Lesbarkeit haben wir in diesem Buch durchgehend die weibliche Form verwendet. Natürlich sind damit auch immer Männer gemeint, also Erzieher, Pädagogen und Fachanleiter etc.

Folgende Bereiche gibt es:

Eine kurze **Geschichte** dient immer als Einstieg in die jeweilige Thematik. Sie können sie vorlesen oder frei erzählen, ganz wie es Ihnen beliebt. Das Besondere: Alle Geschichten sind mit übersichtlichen Materialangaben versehen, mit denen Sie die Erzählung bildhaft darstellen können. Auf diese Weise können Ihre Kleinen nicht nur zuhören, sondern die Geschichte auch visuell erleben. Dies hilft gerade jüngeren Kindern dabei, den Handlungsabläufen besser folgen zu können. Natürlich macht es auch viel Freude, eine Geschichte, ähnlich einem Puppenspiel, zu betrachten und die einzelnen Charaktere live zu erleben. Beziehen Sie die Kinder, wenn gewünscht, auch in die Handlung mit ein. Handpuppen können jeden Einzelnen begrüßen und die Kinder dürfen spezielle Dinge in die Hand nehmen und genau betrachten. Entscheiden Sie individuell, wo eine solche Miteinbeziehung passend ist und Ihre Jüngsten selbst aktiv werden dürfen.

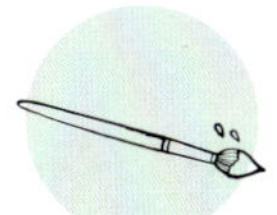

Bei jedem Projekt gibt es ein **Kreativangebot**, das sich gezielt mit der äußeren Erscheinung des jeweiligen Tieres oder der jeweiligen Pflanze beschäftigt. Die Angebote sind vielfältig und es kommen die unterschiedlichsten Materialien und Techniken zum Einsatz. Oft sind einfache geometrische Formen Ausgangspunkt, die Sie vor Beginn des Angebotes vorbereiten. Die Kinder können diese Formen dann durch- oder abschneiden und auf diese Weise verschiedene Teile des Tieres/der Pflanze gestalten. Es wird gefärbt, gemalt, geschnitten, geklebt und jedes Kunstwerk wird auf diese Weise zu einem Unikat.

Entdeckungen in Garten und Gemüsebeet

Natürlich sind **Naturbegegnungen** das Allerwichtigste, wenn es um das Leben von Tieren und das Wachsen und Gedeihen von Pflanzen geht. Sie dürfen unter keinen Umständen fehlen. Denn nur an lebenden Exemplaren kann ihr Äußeres unverfälscht betrachtet werden. Farben schimmern im Sonnenlicht und der individuelle Geruch verschiedener Pflanzen wird wahrgenommen. Wichtig ist dabei immer, dass Sie den Kindern einen **artgerechten Umgang** mit den Lebewesen und der Natur vermitteln. Dies können schon Kinder unter drei Jahren lernen, wenn ihnen eine erwachsene Person zur Seite steht, die ihnen wertschätzendes und verantwortungsvolles Handeln zeigt und vorlebt.

Einige wichtige Hinweise hierzu:

- ✓ Nach dem Gärtnern sollten sich die Kinder gründlich die Hände waschen!
- ✓ Nach Tierbetrachtungen bringen Sie die Tiere bitte wieder in ihre natürliche Umgebung zurück.
- ✓ Jedes Kind, das Tiere, wie z. B. eine Schnecke, berührt oder Kontakt mit ihnen hatte, sollte anschließend gründlich die Hände säubern!
- ✓ Manche Pflanzenteile (beispielsweise der grüne Ansatz bei Tomaten) sind giftig und dürfen deshalb nicht in den Mund genommen werden. Grundsätzlich gilt: Die Kinder sollten keine Pflanzen(teile) ohne Aufforderung in den Mund nehmen!
- ✓ Zeigen Sie den Kindern den Umgang mit den verschiedenen Gartengerätschaften und lassen Sie sie nie unbeaufsichtigt damit agieren.

In **Sachbetrachtungen** können die Kinder verschiedene Pflanzen und Samen betrachten oder echte Behausungen von Tieren kennenlernen. Auch Tierexponate können bestaunt werden und vieles mehr. Die Möglichkeiten sind vielfältig und sicher entdecken auch Sie bei Ihren Erkundungen im Garten wunderbare Dinge, die Sie Ihren Jüngsten zeigen können. Da dies bei Gemüse so gut passt, finden sich in dieser Rubrik häufig auch **lebenspraktische Angebote** und **Sinneserfahrungen**. Achten Sie bei allen Koch- und Probieraktionen auf mögliche Allergien der Kinder.

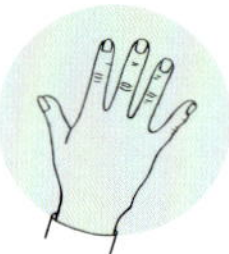

Zu jedem Kapitel finden Sie mindestens ein **Spiel**. Mal ist es ein Regelspiel, mal ein **Kimspiel**. Da es ein kindliches Bedürfnis ist, Sprache und Bewegung miteinander zu verbinden, sind auch viele **Finger- und Bewegungsspiele** Bestandteile dieses Buches. Die leicht verständlichen Texte und Bewegungsanregungen verbessern und schulen die Sprachentwicklung, Koordination und Feinmotorik Ihrer Jüngsten und machen natürlich viel Spaß.

Die verwendeten **Lieder** sind einprägsam, da neue, eingängige Texte zu altbekannten Melodien verwendet werden. Die Kombination von traditionellen Melodien mit neuen Textstrophen ermöglicht es nahezu jedem, die Lieder ohne langes Einüben mit den Kleinen zu singen. Dies fördert die Musikalität der Kinder und animiert zum Mitsingen. Manchmal finden Sie unter der Kategorie Lied auch einen **Sprechvers** oder einen **Rap**.

Auf diese Weise haben Sie vielfältige Anregungen, um mit Ihren Jüngsten die verschiedensten Tiere und Pflanzen entdecken und kennenlernen zu können. Selbstverständlich dürfen Sie die Angebote verändern und/oder nach Ihren Wünschen variieren und gestalten. Ob Sie die **Handpuppe Louise** in Ihre Projekte integrieren oder lieber weglassen, bleibt ebenfalls Ihnen überlassen. Orientieren Sie sich hierbei an den Interessen und Vorlieben Ihrer Kinder und gehen Sie gemeinsam auf eine individuelle Entdeckungsreise.

Und nun wünsche ich Ihnen und Ihren Kindern viel Freude beim Kennenlernen verschiedener Tier- und Pflanzenarten, beim Gärtnern, Pflanzen und Ernten und bei Ihren Streifzügen in der freien Natur, in der es so vieles zu entdecken und zu erforschen gibt.

Eva Danner

Die Schnecke Louise

Schnecken gehören zur Familie der Weichtiere – sie haben einen weichen Körper und besitzen keine Knochen. Es gibt viele verschiedene Arten und man unterscheidet generell Gehäuse- und Nacktschnecken. Die größte einheimische Gehäuseschnecke ist die *Weinbergschnecke*, die zu den Schnirkelschnecken zählt. Man findet sie relativ häufig, vorzugsweise nach einem Regenschauer oder am frühen Morgen, denn die Tiere meiden die Sonne, um nicht auszutrocknen. Einen weiteren Schutz vor Austrocknung bietet der Schnecke ihr Gehäuse, das sie zusätzlich vor Fressfeinden schützt. Das Schneckenhaus besteht aus Kalk und ist relativ stabil gebaut. Treten kleinere Schäden auf, kann die Schnecke diese selbst reparieren, indem sie Kalk produziert. Mit diesem verschließt sie auch die Öffnung am Gehäuse, wenn sie sich in der Winterstarre befindet. Die Tiere bewegen sich durch Muskelkontraktionen vorwärts, wobei sie eine Schleimspur hinterlassen, die sie vor dem rauen Untergrund schützt. Die Schnecke besitzt vier Fühler, wobei an den längeren beiden die Augen sitzen und die beiden kurzen zum Tasten verwendet werden. Ihre Nahrung ist rein vegetarisch und besteht aus Gräsern, Blättern und Salat. Die Zunge besteht aus vielen kleinen Zähnchen (Radula genannt), mit denen sie ihre Nahrung raspelt. Schnecken sind Zwitter, sind also Weibchen und Männchen zugleich. Der Nachwuchs schlüpft aus Eiern, von denen die Tiere zwischen 30 und 60 in eine Grube legen. Nach drei bis vier Wochen schlüpfen dann die Jungtiere, die bereits ein winzig kleines Schneckenhaus tragen, das allerdings noch recht weich und empfindlich ist.

Gestatten: Ich bin die Schnecke Louise.

Die Kinder lernen die Schnecke Louise kennen, die im Gemüsegarten zu Hause ist, und erfahren Wissenswertes über das Leben dieser Tiere.

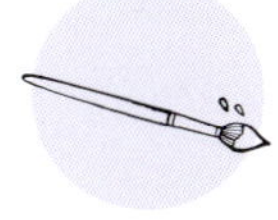

Die Kleinen können mit einer einfachen Färbetechnik eine Schnecke gestalten und schulen dabei ihre Auge-Hand-Koordination und Feinmotorik.

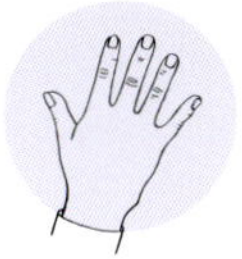

Ein Fingerspiel fördert die Sprachentwicklung der Kinder und berichtet über Besonderheiten von Schnecken.

Bei einem lustigen Lied wird die Musikalität der Kleinen angeregt.

Die Kinder begegnen echten Schnecken und beobachten Aussehen und Fortbewegungsart.

Die Schnecke Louise

Diese Requisiten brauchen Sie:

- ✓ Louise (Handpuppe oder aus Papier)
- ✓ Gras (grünes Tuch)
- ✓ Weg (braunes Tuch)
- ✓ Gemüsebeet (Karton mit braunem Tuch auslegen)
- ✓ Steine
- ✓ Stöckchen
- ✓ Blätter (Papier, Filz o. Ä.)

Alle freuen sich auf den Schneckenbesuch.

Louise ist eine Weinbergschnecke. Sie ist drei Jahre alt und trägt ein wunderschönes Schneckenhaus auf ihrem Rücken. Darin wohnt sie. Das ist ganz schön praktisch, denn sie hat ihr Haus immer dabei und es ist auch überhaupt nicht schwer. Wenn Louise müde wird, kriecht sie einfach hinein und ruht sich aus. Louise ist gerade erst aus ihrer Winterstarre aufgewacht. So nennt man es, wenn die Schnecken den ganzen Winter in ihren Häusern schlafen. Louise hat sich im späten Herbst in der Erde eingegraben und ihr Häuschen mit einer Tür aus Kalk zugemacht. So war die Weinbergschnecke den ganzen Winter über vor Kälte gut geschützt. Doch nun hält allmählich der Frühling Einzug und Louise ist endlich aufgewacht. „Uahh", gähnt sie noch etwas verschlafen und streckt ihr kleines Köpfchen aus dem Schneckenhaus. Mit ihren beiden Fühlern sieht sie sich erst einmal um. In dem großen Garten, in dem Louise zu Hause ist, ist es kahl und leer. Keine Blumen blühen, das **Gemüsebeet** ist leer und Tiere sind auch keine unterwegs. „Wo sind denn alle?", wundert die Schnecke sich und beschließt, erst einmal umherzukriechen und sich in aller Ruhe umzusehen.

Ganz langsam kriecht Louise auf einer silbrig glänzenden Schleimspur über das **Gras**. Beine hat sie nicht. Hin und wieder knabbert sie an Grashalmen, denn sie hat großen Hunger, nachdem sie den ganzen Winter über nichts gefressen hat. Louise kriecht über den sandigen **Weg**, der zum **Gemüsebeet** führt. Hier und da liegen ein paar **Steine** oder **Stöckchen** herum. Ansonsten ist im Garten noch nicht viel zu sehen. „Letzten Sommer war es schön", erinnert Louise sich. „Überall blühten bunte Blumen und im Gemüsebeet wuchsen die köstlichsten Dinge, die man sich vorstellen kann." Alleine beim Gedanken daran läuft ihr das Wasser im Mund zusammen. „Wenn doch nur schon wieder Sommer wäre", kommt es ihr in den Sinn. Doch bis es so weit ist, dauert es noch eine ganze Weile. Zuerst wird es Frühling. Dann wird es wärmer, erste Blumen strecken ihre Köpfchen aus der Erde und bestimmt sind dann auch wieder einige Gartenbewohner unterwegs, sodass Louise nicht mehr allein ist. Doch jetzt frisst sie sich erst einmal an den wenigen **Blättern** und Grashalmen satt, die den Winter überdauert haben.

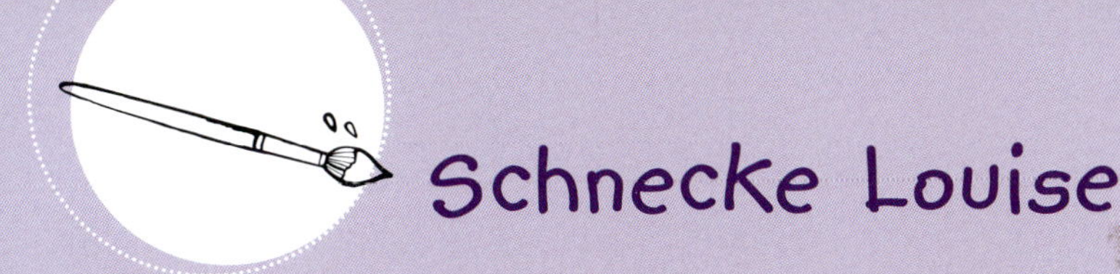

Schnecke Louise

Material:

- 4 Teefiltertüten pro Kind (Größe etwa 7 x 16 cm) (das sind gerade Filter, keine Kaffeefilter!)
- braune und orangefarbene Fasermaler
- Pipette
- Becher oder Schale mit Wasser
- wasserfeste Unterlage
- 2 Küchenkrepppapiere pro Kind
- Klebeband
- brauner, weißer, roter, schwarzer Tonkarton
- Locher
- Schere
- Klebstoff

Durchführung:

Für das Schneckenhaus

Die Kinder bemalen zwei Filter mit braunen und zwei mit orangefarbenen Fasermalern und legen sie auf die wasserfeste Unterlage. Mithilfe der Pipette befeuchten sie die Filter. Sobald die Farben mit dem Wasser in Berührung kommen, bluten sie aus und färben die Filtertüten ein. Diese lassen sie (am besten über Nacht) trocknen.

Zum Füllen

Diesen Arbeitsschritt müssen Sie übernehmen, da er für die Kinder zu schwierig ist. Schneiden Sie zwei Küchenkrepppapiere mittig durch und falten Sie alle vier Hälften jeweils 2-mal. Stecken Sie in jede Filtertüte ein gefaltetes Küchenpapier. Schneiden Sie es ggf. vorher zurecht, damit es passgenau ist. Falten Sie die überstehenden Seitenteile des Filters nach hinten um und befestigen Sie diese mit Klebeband. Nun rollen Sie abwechselnd Orange und Braun zu einem Schneckenhaus auf und fixieren dabei jedes Filtertütenende mit Klebeband am vorherigen. Das letzte Filtertütenstück befestigen Sie ebenfalls mit Klebeband am Schneckenhaus.

Anmerkung: Rollen Sie die gefüllten Filtertüten immer mit der geschlossenen Seite zuerst auf.

Für den Körper

Bereiten Sie für den Körper ein braunes Rechteck (3 x 8 cm) vor sowie einen Streifen (0,5 cm) für die Fühler, einen weißen Streifen (1 cm) für die Augen und einen roten Kreis (1,5 cm) für den Mund. Die Kinder schneiden am Körper alle vier Ecken ab. Vom braunen Streifen schneiden sie zwei Stücke als Fühler ab. Vom weißen Streifen schneiden sie zwei Stücke als Augen ab und befestigen schwarze Locherpunkte als Pupillen. Den Kreis halbieren die Kleinen und verwenden eine Hälfte davon als Mund. Die Einzelteile des Körpers setzen sie mit Klebstoff zusammen. Dabei knicken sie die Fühler auf einer Seite etwas um und fixieren sie am Körper. Zuletzt befestigen sie das Schneckenhaus.

So sieht die fertige Schnecke aus.

Sorgfältig werden die Filter bemalt.

Mit der Pipette werden die Filter befeuchtet.

Geschickt werden die Einzelteile geklebt.

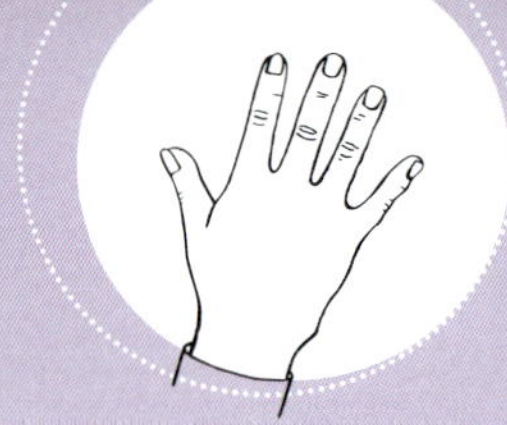

Die Schnecke Louise

Verse sprechen ...	Finger spielen ...
Ich bin die Schnecke, heiß Louise und wohn im Garten auf der Wiese.	*Arme formen einen Kreis als Garten*
Da kriech ich gern von früh bis spät am liebsten durchs Gemüsebeet.	*Eine Hand kriecht als Schnecke über den anderen Arm*
Dort knabbere ich am Salat, voll Freud an jedem grünen Blatt.	*Pantomimisch am Salat knabbern*
Streck meine beiden Fühler aus und mach mich auf den Weg nach Haus.	*Beide Zeigefinger als Fühler rechts und links an den Kopf halten*
Der Weg ist kurz, das sag ich dir, trage mein Haus ja stets bei mir.	*Hände formen ein Dach als Haus*
Da schlaf ich dann und ruh mich aus und komm erst morgen wieder raus.	*Kopf auf gefaltete Hände legen, Augen schließen*

Ich bin die Schnecke, heiß Louise und wohn im Garten auf der Wiese.

Kleine Schnecke

Melodie: traditionell, „Bruder Jakob" | **Text:** Eva Danner

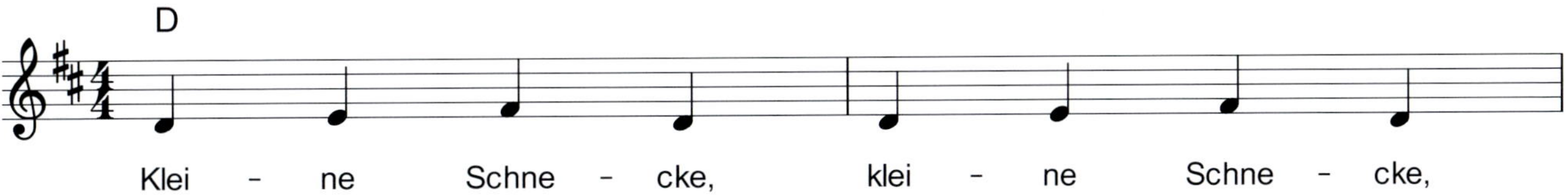

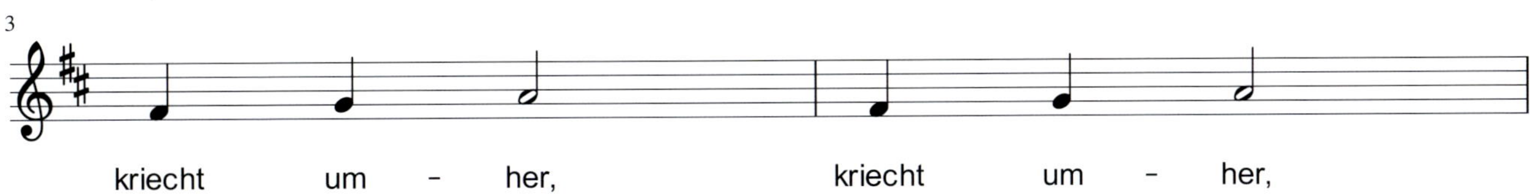

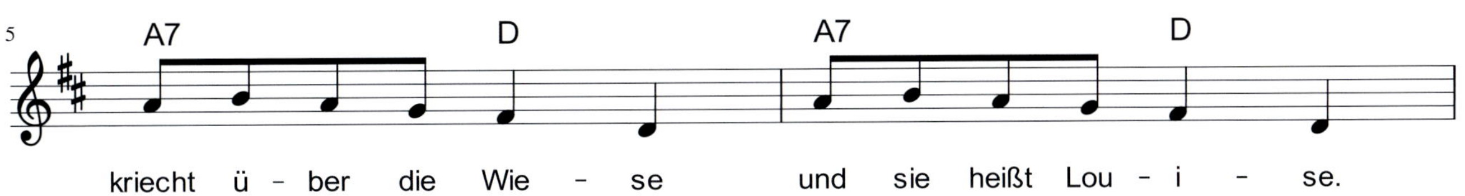

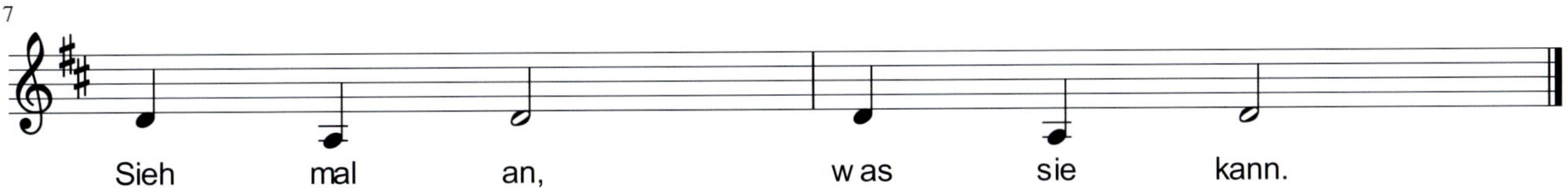

2.
Kleine Schnecke,
kleine Schnecke,
kriecht umher,
kriecht umher,
knabbert gerne Blätter, mag auch Regenwetter.
Sieh mal an, was sie kann.

3.
Kleine Schnecke,
kleine Schnecke,
kriecht umher,
kriecht umher,
kriecht auch über Steine, große und auch kleine.
Sieh mal an, was sie kann.

4.
Kleine Schnecke,
kleine Schnecke,
kriecht umher,
kriecht umher,
trägt ein schönes Häuschen, macht darin
ein Päuschen
und schläft ein, ganz allein.

Gehäuseschnecken

Nach einem Regenschauer finden sich im Garten meist umherkriechende Schnecken, die Ihre Kinder sicher mit Interesse betrachten.

Speziell Gehäuseschnecken mit ihren kleinen, gedrehten Häuschen faszinieren schon die jüngsten Kinder. Um die Schnecke genauer betrachten zu können, bietet es sich an, diese mit in die Einrichtung zu nehmen und dort genauer zu beobachten.

Hierzu eignet sich ein durchsichtiger Behälter, da die Kleinen sehen können, wie das Tier die glatten Flächen entlangkriecht und wie es von unten aussieht.

Zeigen Sie den Kindern die Fühler und Augen der Schnecke und weisen Sie sie auch auf den Schleimteppich hin, den die Schnecke beim Kriechen hinterlässt. Erklären Sie ihnen, warum die Tiere dies tun, und berichten Sie Wissenswertes über das Leben dieser außergewöhnlichen Tiere, wie z. B., dass die Tiere auf dem Bauch kriechen, da sie keine Beine zum Laufen haben, deshalb aber ziemlich langsam sind.

Ihre Jüngsten werden staunen, wie mühelos es der Schnecke gelingt, nach oben zu kriechen und vielleicht sogar über den Rand des Behälters zu schauen. Und das alles ohne Arme und Beine.

Wer möchte, darf das Tier auch vorsichtig am Häuschen berühren. Berichten Sie den Kindern, dass sich die Schnecke bei Gefahr in ihrem Haus versteckt. Anschließend bringen Sie die Schnecke bitte wieder zurück in den Garten, wo sie langsam davonkriechen kann. In ihrer natürlichen Umgebung fühlen sich die Tiere selbstverständlich am wohlsten.

Im Garten haben die Kinder eine Schnecke entdeckt.

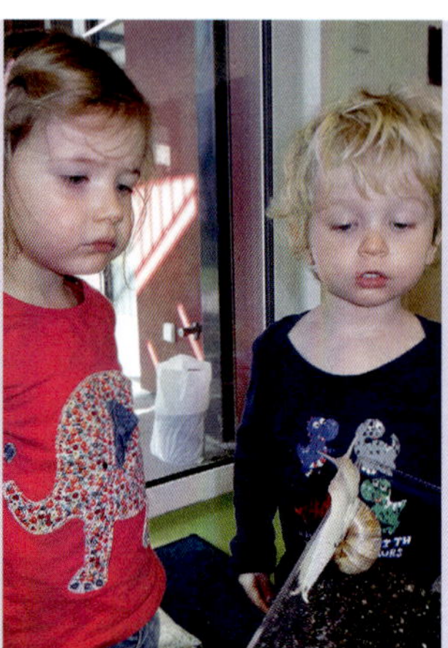

Von Amseln und Tulpen

Amseln, auch Schwarzdrosseln genannt, gehören zur Familie der Drosseln und erreichen eine Größe von ca. 25 cm. Die Männchen besitzen ein schwarzes Gefieder und einen gelben Schnabel und singen sehr melodiös (Reviergesang). Die Weibchen dagegen sind dunkelbraun gefärbt und etwas unscheinbarer. Amseln ernähren sich überwiegend tierisch, also von Regenwürmern, Käfern, Schnecken, Spinnen und verschiedenen Insekten. Hin und wieder picken sie aber auch Beeren und Früchte. Die Vögel nisten in Bäumen und Sträuchern und besiedeln Europa nahezu flächendeckend. Charakteristisch für Amseln ist das Hüpfen über kurze Strecken, wenn sie sich auf Nahrungssuche befinden.

Tulpen sind Liliengewächse und als ausdauerndkrautige Pflanzen können sie bis zu 70 cm hoch werden. Im Sommer bilden sich an den Mutterzwiebeln Tochterzwiebeln, die man im Frühherbst entfernt und vor dem ersten Bodenfrost wieder neu einpflanzt.

Die Blätter der Tulpen können bis zu 30 cm lang werden, wenn diese im Frühjahr austreiben. Kennzeichnend für Tulpen sind die glockenförmigen Blüten in Weiß, Gelb, Rot, Orange und Rosa. Manchmal sind sie auch schwarz, gestreift oder gefleckt. Diese Zierpflanzen, die als Garten- oder Schnittblumen Verwendung finden, gibt es in unzähligen Arten und in vielen verschiedenen Farben und Formen.

Schnecke Louise bestaunt die Tulpen.

Die Kinder lernen die Amsel Amelie kennen und erfahren Wissenswertes über das Wachsen und Gedeihen der Tulpen.

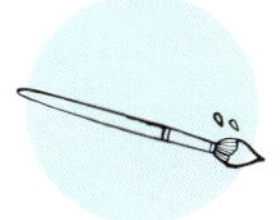

Jedes Kind darf eine kleine Amsel gestalten und sich mit der äußeren Erscheinung dieser Tiere auseinandersetzen.

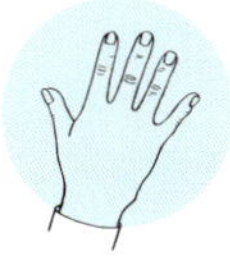

Ein Fingerspiel erzählt von farbenfrohen Tulpen und regt die Kinder zum Mitsprechen an.

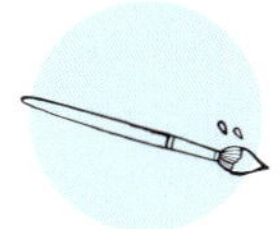

Die Kleinen dürfen kunterbunte Frühlingsblumen basteln und schulen dabei ihre Feinmotorik.

Ein fröhliches Lied animiert zum Mitsingen und schult die Musikalität der Kinder.

Die Kleinen können sich ein Vogelnest näher anschauen und erfahren dabei Interessantes über das Leben der Amseln.

Die Kinder setzen sich mit dem Aussehen von Tulpen und anderen Blumenzwiebeln auseinander, helfen beim Einpflanzen und können deren Wachstum beobachten.

Amsel Amelie und die Tulpen

Das brauchen Sie:

- ✓ Louise (Handpuppe oder aus Papier)
- ✓ Stiele (grüner Chenilledraht)
- ✓ Erde (braunes Tuch)
- ✓ Amsel (aus Papier oder Figur)
- ✓ Nest (konstruieren oder echtes)
- ✓ Baum (aus Papier)
- ✓ Pflanzen (Blätter an grünem Chenilledraht befestigen)
- ✓ Sonne (aus Papier)
- ✓ Tulpen (aus Papier in verschiedenen Farben angefertigt)
- ✓ Gras (grünes Tuch)

Bunte Tulpen blühen im Garten.

Louise hat neben dem Gemüsebeet etwas entdeckt. Sie kriecht näher heran und sieht viele kleine, grüne **Stiele** aus der **Erde** herauswachsen. „Was kann das sein?“, fragt sie sich laut selbst. „Das sind Tulpen“, ruft auf einmal eine Stimme von oben. Louise schaut hinauf und sieht einen schwarzen **Vogel** im **Nest** sitzen, der nun zu der Schnecke herunterfliegt. „Das sind Tulpen. Wenn sie groß sind, leuchten sie in allen Farben und duften herrlich. Mein Name ist übrigens Amelie. Ich bin eine **Amsel**.“ – „Ich heiße Louise. Woher weißt du denn, dass diese kleinen, grünen Stiele einmal in allen Farben leuchten werden?“ – „Na, ich habe es schon oft gesehen. Von meinem Nest dort oben im **Baum** beobachte ich jedes Jahr im Frühling, wie überall hier im Garten die vielen Tulpen wachsen. Zuerst sind sie ganz klein, aber bald schon werden sie größer und es wachsen Blätter daran. Nach einiger Zeit blühen dann bunte Blüten“, erzählt die Amsel. „Wir könnten uns doch jeden zweiten Tag hier treffen und nachschauen, was mit den Blumen geschieht. Was meinst du?“ – „Einverstanden“, antwortet Louise und bereits zwei Tage später treffen sich die beiden wieder. Die kleinen, grünen **Pflanzen** sind inzwischen größer geworden und erste Blätter wachsen an den Stielen. „Oh“, staunt die Schnecke. „Es sind Blätter gewachsen.“ – „Toll, oder? Warte ab! Wenn wir uns wieder treffen, sind die Stiele sicher noch größer.“ Und so ist es. Jedes Mal sind die Tulpen ein Stück gewachsen. „Die Blumen sind nun schon richtig groß geworden“, sagt die Schnecke. „Aber es sind keine bunten Blüten daran gewachsen, nur dicke Knubbel. Vielleicht hast du dich geirrt und das hier sind gar keine Tulpen.“ – „Ich habe mich nicht geirrt“, sagt die Amsel, „die dicken Knubbel nennt man Knospen.“ In diesem Augenblick geht die **Sonne** auf. Hell scheint sie auf die beiden und auf die **Tulpen** herunter. Plötzlich öffnen sich deren Knospen zu herrlichen Blüten. Eine von ihnen leuchtet rot, eine andere gelb und wieder eine andere strahlt in hellem Violett. Es gibt weiße, orange und rosa gefärbte Blüten. Louise staunt. „Das ist ja unglaublich! So etwas Wunderschönes habe ich noch nie gesehen.“ – „Das habe ich dir doch gesagt. Und das Beste ist: Die Tulpen blühen jedes Jahr aufs Neue, ohne dass man etwas dafür tun muss. Einfach so wachsen sie aus der Erde heraus“, lacht Amelie. „Das ist toll“, bestätigt Louise und während die Amsel zurück in ihr Nest fliegt, bleibt die Schnecke noch eine Weile im **Gras** sitzen und bestaunt die wunderschönen Tulpen, die nun im Frühling überall im Garten blühen.

Amsel Amelie

Material:

- 1 runder Kaffeefilter pro Kind (Durchmesser etwa 9 cm)
- schwarzer Fasermaler
- wasserfeste Unterlage
- Pipette
- Becher mit Wasser
- schwarzer, weißer, orangefarbener Tonkarton
- schwarze Bastelfedern
- 2 orangefarbene Trinkhalme pro Kind
- Schere
- Locher
- Klebstoff
- Klebeband

Durchführung:

Für den Bauch

Die Kinder bemalen den Kaffeefilter mit dem schwarzen Fasermaler und legen ihn auf die wasserfeste Unterlage. Mithilfe der Pipette befeuchten sie ihn. Sobald die Farbe mit dem Wasser in Berührung kommt, blutet sie aus und färbt den Filter schwarz. Diesen lassen Sie (am besten über Nacht) trocknen.

Für den Kopf

Bereiten Sie ein schwarzes Quadrat für den Kopf (3,5x3,5 cm) vor sowie einen weißen Streifen für das Auge (1 cm) und ein orangefarbenes Rechteck für den Schnabel (3x1,5 cm). Die Kleinen schneiden am Kopf alle vier Ecken ab. Vom weißen Streifen schneiden sie ein Stück als Auge ab und kleben einen schwarzen Locherpunkt als Pupille auf. Das Rechteck schneiden sie diagonal durch und verwenden eine Hälfte davon als Schnabel. Die Einzelteile des Gesichtes setzen die Kinder mit Klebstoff zusammen.

Für Flügel und Beine

Die Kinder bestreichen den getrockneten Filter mit Klebstoff und falten ihn mittig zusammen. Dabei benötigen sie Ihre Hilfe. Eine schwarze Bastelfeder befestigen sie als Flügel und fixieren den Kopf am Körper. Für die Beine schneiden die Kleinen beide Trinkhalme so ab, dass auf jeder Seite der U-Biegung etwa 3 cm übrig bleiben. Die Beine fixieren sie mit Klebeband von hinten am Körper. Fertig ist die kleine Amsel Amelie.

Tipp:

Wenn Sie eine Schnur an der Amsel befestigen, können Sie diese an einem Ast o. Ä. hübsch dekorieren. Oder Sie fertigen mehrere Vögel an und gestalten ein Mobile.

So sieht die fertige Amsel aus.

Zuerst wird der Amselkörper gestaltet.

Die Einzelteile werden zugeschnitten.

Alle Teile werden zusammengeklebt.

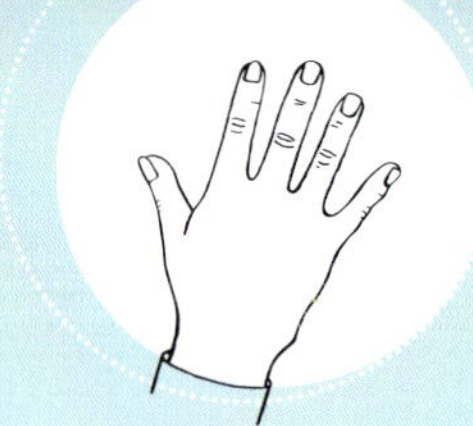

Von den Tulpen

Verse sprechen …	**Finger spielen …**
Im Garten kann sie jeder sehn, die Tulpen bunt und wunderschön.	*Hand beschattet Augen*
Sie strecken sich hoch in die Luft, verströmen feinen Blütenduft.	*Arme nach oben strecken/pantomimisch Blumenduft schnuppern*
Sie haben Blätter an sich dran, sind alle grün und ziemlich lang.	*Arme seitlich am Körper abspreizen*
Rot, orange, weiß oder gelb: Jetzt sag mir, welche dir gefällt!	*Ausladende Handbewegung ausführen*

Tipp:
Basteln Sie Tulpen aus rotem, weißem, gelbem und orangefarbenem Papier und lassen Sie die Kinder ihre Lieblingstulpenfarbe aussuchen oder nehmen Sie farbige Chiffontücher.

Frühlingsblumen

Nicht nur Tulpen wachsen im Frühjahr, sondern eine Vielzahl an bunten, schön blühenden Blumen. Auch wenn es draußen noch kalt sein sollte, können wir uns eine wunderschöne, kunterbunte Frühlingswiese voll Blumen basteln.

Material:

- ✓ bunte Papierbackförmchen (klein, Durchmesser: ca. 7 cm)
- ✓ grüner Tonkarton
- ✓ blauer Papierbogen zum Aufkleben (etwa DIN A4 oder größer)

Durchführung:

Fertigen Sie einen grünen Streifen für den Stiel (1 cm) an sowie pro Blume zwei Rechtecke für die Blätter (2x8 cm).

Die Kinder schneiden vom grünen Streifen etwa 12 cm lange Stücke ab und verwenden diese als Blumenstiele. Die Blätter schneiden sie auf beiden schmalen Seiten spitz zu. Die Kleinen kleben dann zunächst die Stiele auf den Papierbogen auf, anschließend die Blätter. Zuletzt befestigen sie ein Papierförmchen als Blüte und fertig sind farbenfrohe Frühlingsblumen.

Zuerst werden Stiel und Blätter zugeschnitten.

Nun werden die Blumen geklebt.

Von den Tulpen

Melodie: traditionell, „Kommt ein Vogel geflogen" | **Text:** Eva Danner

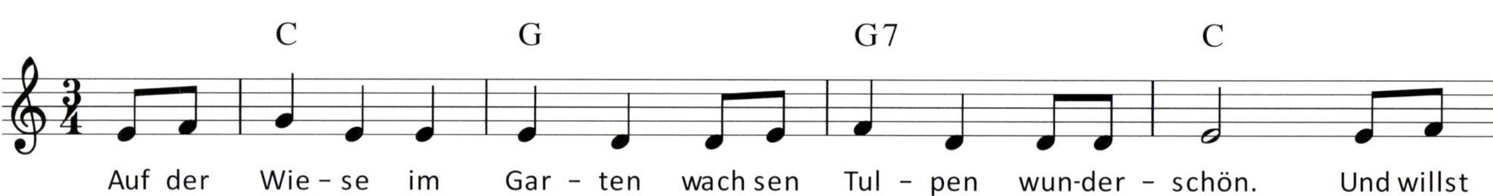

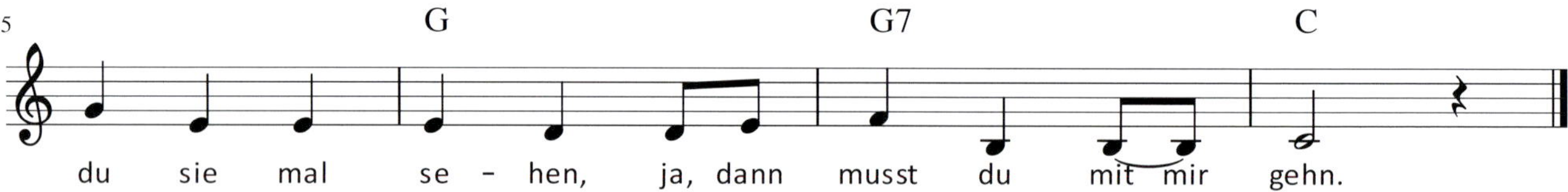

2.
Es gibt rote und gelbe,
manche groß und manche klein.
Und sie strecken ihre Köpfchen
gerne in den Sonnenschein.

3.
Möchtest du eine pflücken,
ja, dann such dir eine aus.
Nimm sie in deine Hände,
trag sie sorgsam mit nach Haus.

Vogelnest

Material:

✓ verlassene Vogelnester

Die Amsel Amelie beobachtet in der Geschichte von ihrem Nest aus das Wachstum der Tulpen. Da bietet es sich an, gemeinsam mit den Kindern echte *Vogelnester* zu betrachten. Toll ist es, wenn Sie mehrere zur Verfügung haben, die sich in Größe und Bauart unterscheiden. Denn nicht alle Vögel bauen ihre Nester gleich oder verwenden dieselben Baumaterialien. Auf diese Weise können Ihre Jüngsten sehen, dass die „Häuser" der Vögel ebenso verschieden sind wie die der Menschen. In trockenen Büschen finden sich solche Nester oftmals im Winter. Diese sind nicht mehr bewohnt und werden im Frühling auch kein zweites Mal von den Tieren zum Nisten benutzt, sodass Sie ein solches Exemplar vorsichtig entfernen und mit in die Einrichtung nehmen können.

Berichten und zeigen Sie den Kleinen, aus welchen unterschiedlichen Materialien die verschiedenen Nester bestehen, oder lassen Sie die Kinder selbst nachschauen und stellen Sie Fragen, wie:

„Was hat denn die Amsel zum Bauen für ihr Nest verwendet?

Gras?

Oder vielleicht Stöckchen?"

Auf diese Weise setzen sich Ihre Jüngsten gezielt mit den Behausungen der Vögel auseinander und lernen, genau hinzuschauen. So gibt es Nester, die beinahe ausschließlich aus feinen Grashalmen gebaut wurden. Wer möchte, darf das Vogelnest vorsichtig berühren.
Andere Nester bestehen aus diversen Materialien, wie Stöckchen, Moos, feuchter Erde und Blättern. Hin und wieder finden sich auch Schnüre oder ähnliches Baumaterial darin. Innen polstern die Vögel ihre Nester oft mit Federn aus, damit es bequem und gemütlich ist. Speziell Amseln bauen bevorzugt solche Nester.

Schon mit Krippenkindern können Sie solche Sachbetrachtungen durchführen und ihnen auf diese Weise Einblicke in die Natur geben. Bereits Kinder unter drei Jahren zeigen großes Interesse daran und sind fasziniert von diesen Dingen. Probieren Sie es aus!

Blumenzwiebeln pflanzen

Material:

✓ im Topf gepflanzte Tulpen mit sichtbarer Blumenzwiebel

Gemeinsam mit den Kindern können Sie zunächst die Zwiebeln der Tulpe intensiv betrachten. Ob Sie Zwiebeln ohne oder mit bereits gekeimtem Stiel anschauen, bleibt Ihnen überlassen.
Lassen Sie die Kleinen die Tulpenzwiebeln in aller Ruhe anschauen und sprechen Sie mit ihnen darüber, was sie gerade im Topf vor sich haben.
Berichten Sie ihnen, wozu die Zwiebeln dienen, und weisen Sie die Kinder auf Stiel und Blätter hin, wenn diese bereits vorhanden sind.
Regen Sie Ihre Jüngsten zum Sprechen an und stellen Sie Fragen, wie:

„Welche Farbe hat die Zwiebel?"

„Welche Farbe haben die Blätter?"

„Könnt ihr schon eine Blüte sehen?"

Zeigen Sie ihnen kleine und große Stiele und geben Sie jedem Kind die Möglichkeit, die Tulpen anzufassen und zu berühren.
Weisen Sie die Kinder immer darauf hin, behutsam mit den Pflanzen umzugehen, da sie empfindlich sind und leicht kaputtgehen können. Sie werden überrascht sein, wie viel Feingefühl bereits Krippenkinder mitbringen. Wenn Sie eine Tulpenzwiebel länger im warmen Zimmer stehen haben, wird sich eine Blüte bilden, welche rasch blüht.
Die Kleinen können die bunte Blüte dann ausgiebig betrachten und vorsichtig berühren.

Viel längere Freude als drinnen im Gruppenraum werden Sie und Ihre Kleinen an den Blumen haben, wenn Sie diese im Garten einpflanzen. Dabei helfen Ihnen die Kinder sicher gerne. Dazu muss erst einmal ein Loch in die Erde gegraben werden, in welches die Zwiebel später gesteckt wird.

Eine Tulpe sieht sehr schön aus.

Die Kleinen suchen sich dann eine Blumenzwiebel aus und pflanzen sie in das Erdloch ein.
Nun muss die Zwiebel wieder mit Erde bedeckt werden, damit sie es schön warm und gemütlich hat.
Und nun heißt es warten, hin und wieder gießen und beobachten, was mit den gepflanzten Blumenzwiebeln geschieht …

Viel Spaß dabei!

Von Bienen und Klee

Bienen sind Insekten und zählen zu den Hautflüglern. Ihr Körper setzt sich aus drei Segmenten zusammen: Kopf, Brust und Hinterleib. Ihre Mundwerkzeuge bestehen aus zwei starken Kiefern und einem Rüssel. Sie haben zwei Fühler, zwei Flügelpaare, sechs Beine und einen Giftstachel. Bienen unterteilen sich in drei Gruppen: Es gibt die nicht fortpflanzungsfähigen *Arbeiterinnen*, die, je nach Alter, verschiedene Aufgaben haben, wie z. B.: Bienennachwuchs versorgen, Waben bauen, Eingänge des Bienenstocks bewachen und Pollen sammeln. Der Blütenstaub haftet sowohl an den Haaren ihrer Hinterbeine (Pollenhöschen) als auch an anderen Haaren (Pelz) und trägt somit einen wesentlichen Beitrag zur Pflanzenbestäubung bei. Bienenwaben werden aus Wachs gebaut und in sechseckigen Zellen wächst der Nachwuchs heran. Die *Bienenkönigin* ist nur für den Nachwuchs zuständig und legt Eier, während die männlichen *Drohnen*, die weder einen Stachel besitzen noch Nektar sammeln, sich ausschließlich mit der Königin paaren. Es gibt viele verschiedene Bienenarten, die alle in Staaten zusammenleben. Bienen orientieren sich an der Sonne und können ultraviolettes Licht wahrnehmen. Ab 12 °C fliegen sie nicht mehr und verbringen die kalte Jahreszeit im Bienenstock im Winterschlaf. Bienen kommunizieren über den sogenannten Bienentanz miteinander, bei dem sie z. B. eine Flugrichtung angeben können oder dass in einem gewissen Umkreis eine Bienenwiese zu finden ist.

Wiesenklee, auch Rotklee genannt, blüht rot, lila oder weiß und zählt zu den Schmetterlingsblütlern. Er ist nektarführend, weshalb Bienen und andere Insekten diesen gerne aufsuchen. Er ist eine krautige Pflanze, welche ein- oder 2-jährig sein kann oder sogar überwinternd. Blütezeit ist von April bis Oktober und der Klee bildet dann kugelige Blütenstände aus. Er ist ein Tiefwurzler, der bis 2 m tiefe Wurzeln bilden und seine Keimblätter nachts zusammenlegen kann.

Zwei Bienen sitzen am Klee.

Die Biene Bianca erzählt den Kindern Interessantes aus dem Leben dieser Insekten.

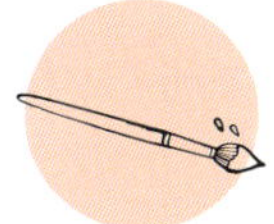

Die Kleinen dürfen einen Bienenstock und eine Biene gestalten und schulen dabei ihre Feinmotorik.

Ein fröhliches Lied lädt zum Mitsingen ein und fördert die Musikalität.

Die Kinder können Bienen- und andere Insektenpräparate betrachten und Unterschiede und Gemeinsamkeiten wahrnehmen.

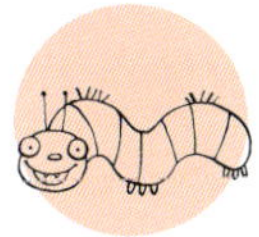

Hier kommen Bildkarten zum Einsatz, welche Detailaufnahmen von Bienen und Klee zeigen und zum genauen Hinsehen anregen.

Die Biene Bianca

Das brauchen Sie:

- ✓ Louise (Figur oder aus Papier)
- ✓ Bianca und Honigbienen (aus Papier)
- ✓ Klee (aus Papier oder echt)
- ✓ Stock
- ✓ Kirschbaum (aus Papier)
- ✓ Bienenstock (aus Papier oder braunes Tuch über eine Schüssel o. Ä. legen)

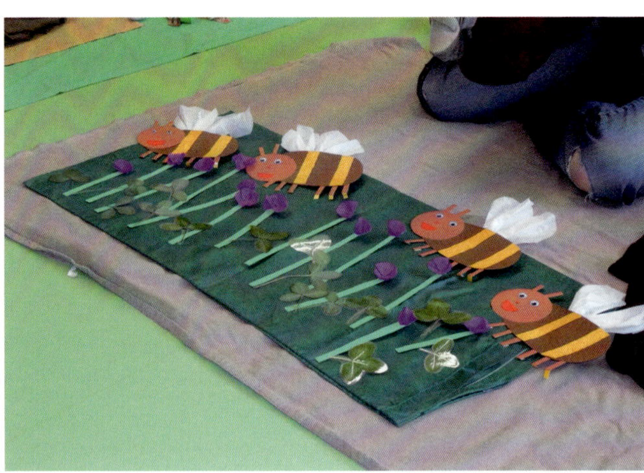

Fleißige Bienen am Klee

Tipp:

Sie können die Kinder am Ende der Erzählung echten Honig probieren lassen. So wird diese Geschichte auch zu einem wahren Geschmackserlebnis.

Im Garten ist mächtig was los. Überall fliegt, kriecht, krabbelt oder klettert jemand. **Louise** streckt den Kopf aus ihrem Schneckenhaus und hört ein lautes Summen und Brummen. Dann bemerkt sie unzählige Tiere, die umherfliegen und immer wieder auf den rosa Blüten des Klees sitzen bleiben. „Was machen sie nur?", wundert die Schnecke sich und beschließt, den kleinen Tierchen einen Besuch abzustatten. „Guten Tag!", ruft sie ihnen zu, doch diese antworten ihr nicht. „Hallo!", ruft Louise etwas lauter, doch auch dieses Mal erhält sie keine Antwort. „Hört ihr mich denn nicht?", ruft sie laut. „Doch, sie hören dich. Aber sie haben keine Zeit, dir zu antworten." Neben der Schnecke sitzt eines dieser Tiere. „Warum haben sie denn keine Zeit?", will Louise wissen. „Und wer bist du eigentlich?" – „Ich heiße **Bianca** und bin eine Honigbiene. So wie all die anderen dort drüben am **Klee Honigbienen** sind." – „Honigbienen?" Louise ist verwundert. „Aber hier gibt es doch überhaupt keinen Honig. Nur Klee." – „Ich weiß. Wir machen aus dem Klee den Honig", entgegnet Bianca. „Wie kann man denn aus Klee Honig machen?" Die Schnecke ist neugierig, wie das geht. „Es ist so", erzählt die Biene, „wir sammeln die gelben Pollen in den Kleeblüten, tragen sie in unser Zuhause und machen dann Honig daraus." – „Was sind denn Pollen?" – „Das ist der gelbe Blütenstaub, den wir sammeln. Du siehst ihn an den Beinen der anderen Bienen." Louise sieht genau hin. Und tatsächlich! Alle Honigbienen sehen aus, als hätten sie gelbe Hosen an.
„Ihr tragt also die Pollen in euer Zuhause. Wo wohnt ihr denn?", fragt die Schnecke. „Wir wohnen in unserem Bienenstock", erklärt Bianca.
„Ihr wohnt in einem Stock? Aber ist es darin nicht furchtbar eng?", will Louise wissen und betrachtet einen kleinen **Stock**, der am Boden liegt. Jetzt muss Bianca lachen. „Wir wohnen nicht in so einem Stock wie diesem hier. Man nennt unser Haus **Bienenstock** und es ist gleich dort drüben am großen **Kirschbaum**!"
Louise schaut hin und entdeckt ein sonderbares, braunes Gebilde, das am Stamm des Baums klebt. „Darin wohnt ihr?" – „Ja, darin wohnen wir. Wenn wir nicht sogar ein Haus von einem Imker gebaut bekommen. Und darin machen wir, auch den Honig." – „Und wie? Bitte verrate mir, wie das geht", bettelt Louise. „Tut mir leid! Das kann ich dir nicht verraten. Es ist unser kleines Bienengeheimnis." Und dann breitet sie ihre Flügel aus und fliegt zu den anderen Bienen, um gelbe Pollen zu sammeln. Louise schaut ihnen eine ganze Weile zu und staunt noch immer darüber, dass Bienen aus Blüten leckeren Honig machen können. Denn das ist wirklich unglaublich.

Biene Bianca

Material:

- dunkelbrauner, hellbrauner, gelber, roter, schwarzer und weißer Tonkarton
- durchsichtige Folie (alternativ: Bratenschlauch)
- Schere
- Klebstoff
- Klebeband
- Locher
- Lochzange
- Schnur

Durchführung:

Für den Bienenstock

Bereiten Sie ein dunkelbraunes Rechteck (20 x 15 cm) und ein hellbraunes Quadrat (8 x 8 cm) vor. Die Kinder schneiden am Rechteck auf einer schmalen Seite beide Ecken ab und am Quadrat zwei Ecken einer Seite. Die Einzelteile setzen sie mit Klebstoff zusammen.

Für den Kopf

Schneiden Sie als Vorbereitung für den Kopf ein dunkelbraunes Quadrat (3 x 3 cm) zu, für die Augen einen weißen Streifen (1 cm), einen roten Kreis für den Mund (1,5 cm) und einen dunkelbraunen Streifen (0,5 cm) für die Fühler. Stellen Sie mit dem Locher zwei schwarze und einen roten Locherpunkt her. Die Kleinen schneiden nun am Kopf alle vier Ecken ab. Vom weißen Streifen schneiden sie zwei Stücke als Augen ab und fixieren schwarze Locherpunkte als Pupillen. Den Kreis halbieren sie und verwenden eine Hälfte als Mund. Vom braunen Streifen schneiden sie zwei Stücke als Fühler ab. Die Einzelteile des Gesichtes setzen sie mit Klebstoff zusammen und bringen noch einen roten Locherpunkt als Nase an.

Für den Körper

Bereiten Sie ein dunkelbraunes Rechteck (7 x 4 cm) vor und einen gelben Streifen (8 x 1 cm). Für den Stachel bereiten Sie ein schwarzes Rechteck (3 x 2 cm) vor. Die Kleinen schneiden am Körper alle vier Ecken ab. Den gelben Streifen halbieren sie und verwenden beide Hälften als Streifen. Das schwarze Rechteck schneiden sie diagonal durch und verwenden eine Hälfte als Stachel. Die Einzelteile des Körpers setzen sie mit Ihrer Hilfe mit Klebstoff zusammen und befestigen den Kopf daran.

Für die Flügel

Raffen Sie ein Stück Folie mittig zusammen, das die Kinder mit Klebeband von hinten am Bienenkörper fixieren.

Fertigstellung

Stanzen Sie mit der Lochzange oben ein Loch in den Bienenstock und fädeln Sie eine Schnur hindurch. Möchten Sie eine „fliegende" Biene, stanzen Sie zusätzlich ein Loch unten in den Bienenstock sowie in den Bienenrücken und verbinden beide Teile mit einer Schnur.

Die Biene und ihr Bienenstock

Zuerst wird der Bienenstock gestaltet.

Dann ist die Biene Bianca an der Reihe.

Von den Bienen

Melodie: traditionell, „Hänsel und Gretel" | **Text:** Eva Danner

2.
Sie sammeln Pollen dort an dem schönen Klee.
An ihren Beinchen ich diese kleben seh.
Sie bringen alle Pollen schnell in ihr Bienenhaus
und machen leckeren, süßen Honig draus.

3.
Bald wird es dunkel, die Sonne scheint nicht mehr.
In unserm Garten fliegt keiner nun umher.
Sie alle schlafen friedlich, im Garten ist es still,
weil in der Nacht keine Biene fliegen will.

4.
Scheint dann am Morgen die Sonne warm und hell.
Fliegen die Bienen aus ihrem Haus ganz schnell.
Sie summen und sie brummen und fliegen froh umher.
Das fällt den Bienchen auch überhaupt nicht schwer.

Biene, Hummel & Co.

Material:

✓ tote Biene, Wespe, Hummel und Hornisse, möglichst auf Holzscheiben montiert

Echte Tiere sind für Kinder ungemein spannend und interessant. Das ist bei Krippenkindern nicht anders. Da Bienen und Wespen stechen können und somit nicht ungefährlich für die Kleinen sind, bietet es sich an, nicht mehr lebende Exemplare einmal genauer unter die Lupe zu nehmen. Berichten Sie den Kleinen, dass diese gefahrlos betrachtet und berührt werden dürfen, da sie nicht mehr lebendig sind, und dass lebende Tiere nie angefasst oder ihnen zu nahe gekommen werden sollte, da sie angreifen und stechen können.

Zeigen Sie Ihren Jüngsten zunächst die kleine *Biene* und geben Sie jedem Kind ausreichend Zeit zum genauen Betrachten. Sprechen Sie über Größe und Farbe des Tieres und fragen Sie die Kinder, ob sie wissen, wie das Tier heißt.

Nun können Sie die größere *Wespe* zeigen und auf die charakteristischen schwarz-gelben Warnstreifen hinweisen.

Eine dicke *Hummel* wird die Kleinen mit ihrem pelzigen Körper besonders faszinieren. Zeigen Sie auch Fühler, Flügel und die großen Facettenaugen dieser pummeligen Tierlein.

Eine nicht mehr lebende *Hornisse* ist noch spannender zu betrachten, denn sie ist um einiges größer als die anderen Insekten. Wer möchte, darf die Tiere vorsichtig mit dem Finger berühren (sollte sich aber anschließend die Hände waschen).

Nachdem alle Tiere intensiv betrachtet wurden, sollten Sie alle Holzscheiben nebeneinanderlegen, damit die Kleinen den direkten Vergleich in Größe und Aussehen der verschiedenen Insekten wahrnehmen können. Sie werden staunen, mit welchem Interesse bereits Krippenkinder an solchen Betrachtungen teilnehmen.

Ganz schön klein, so eine Biene.

Da ist die Hummel schon viel größer.

Die Hornisse ist ja noch viel größer.

Die verschiedenen Insekten werden noch einmal intensiv betrachtet.

Bildkarten

Material:

✓ Großaufnahmen von Pflanzen und Tieren

Kinder lieben die Natur! Und wenn Bienen, Weinbergschnecken und Regenwürmer im Garten umherkriechen, krabbeln oder fliegen, begeistert dies die Kleinen ungemein. Man kann Tiere und Pflanzen in ihrer natürlichen Umgebung betrachten und beobachten und manche Tiere dürfen sogar berührt oder gestreichelt werden. Dies ist jedoch nicht bei allen lebenden Tieren möglich oder man hat einfach nicht die entsprechende Umgebung, um z. B. Klee zu finden. Hier bieten Bildkarten eine gute Möglichkeit, den Kleinen verschiedene Tiere und Pflanzen detailliert zu zeigen. Großaufnahmen können hier spannende Details zutage fördern, die ansonsten verborgen blieben.

So sieht eine Biene aus.

Legen Sie die Bildkarten in einen Korb. Das erste Kind darf sich eine Karte aussuchen. Gemeinsam wird überlegt, welches Tier dort abgebildet ist. Regen Sie die Kleinen zum Sprechen an, indem Sie Fragen stellen wie:

„Was könnte das für ein Tier sein?"

„Ist es klein oder groß"

„Hat es Beine oder Flügel?"

„ Kann es laufen, springen oder kriechen?"

Das Betrachten der Karten regt die Kinder zum genauen Hinschauen an und sie lernen, sich zu konzentrieren. Jeder legt seine gewählte Karte auf den Boden, sodass alle das dargestellte Tier oder die Pflanze sehen können.

Das muss wohl eine Amsel sein.

Anschließend darf jeder z. B. sein Lieblingsgartentier zeigen und, wenn möglich, dieses mit Namen benennen. So mag einer die summende, brummende Biene, ein anderer den krabbelnden Marienkäfer und wiederum ein anderer die langsam umherkriechende Schnecke.

So viele verschiedene Tiere leben also im Garten.

Legen Sie die Bildkarten im Anschluss wieder in den Korb und lassen Sie diesen für einen längeren Zeitraum in Ihrem Gruppenraum an einer für die Kinder gut sichtbaren Stelle stehen, sodass die Kleinen die Bildkarten jederzeit im Freispiel betrachten und bestaunen können.

Ich habe einen Marienkäfer entdeckt.

Von Maulwürfen und Feuerbohnen

Maulwürfe sind Insektenfresser, die, neben Insekten, bevorzugt Regenwürmer und Larven auf ihrem Speiseplan stehen haben. Sie leben unterirdisch und man sieht nur ihre Hügel auf Wiesen und Feldern. Die Tiere legen komplexe Tunnelsysteme an, mit Vorratskammern, Schlafkammern etc. Kennzeichnend für Maulwürfe ist ihr walzenförmiger Körper, die Grabeschaufeln, ihr schwarzes, weiches Fell – dessen Haare sich frei in alle Richtungen bewegen können, da sie keine bestimmte Wuchsrichtung haben – und ihre kleinen Augen. Sie können sehr schlecht sehen und nehmen nur Unterschiede zwischen hell und dunkel wahr. Auch hören sie relativ schlecht, wohingegen ihr Geruchssinn gut ausgeprägt ist. Des Weiteren sind die Tiere in der Lage, mit ihren Haaren kleinste Erschütterungen und Bewegungen wahrzunehmen. Der Maulwurf lebt in einer Art *Schichtsystem*: Vier Stunden arbeitet und frisst er, dann schläft er vier Stunden, danach stehen wieder vier Stunden Arbeit auf dem Programm usw.
Es sind typische Einzelgänger und sie sind in der Lage, bis zu 4 km/h schnell zu rennen.

Feuerbohnen, auch Prunkbohnen oder Blumenbohnen genannt, zählen zu den Hülsenfrüchten und ihre Früchte können bis zu 25 cm lang werden. Namensgebend ist die hellrote, leuchtende Blüte. Diese linkswindende Nutzpflanze ist einjährig und schnellwachsend. Bei mehreren Metern Höhe benötigt sie allerdings eine Rankhilfe. Blütezeit ist von Juni bis September und die nierenförmigen Samen können braun, rot, schwarz, violett, schwarz marmoriert oder weiß sein und sind etwa 2 cm lang. Feuerbohnen bevorzugen einen sonnigen Standort, sind ansonsten jedoch anspruchslos. Die Aussaat sollte Anfang/Mitte Mai erfolgen.

Gestatten: Manfred Maulwurf

Eine Geschichte erzählt von Maulwurf Manfred und berichtet davon, wie man die Erde aus dessen Hügeln zum Einpflanzen von Bohnen verwenden kann.

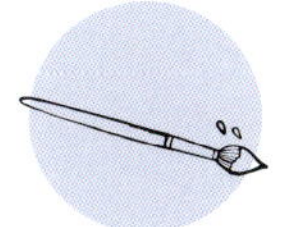

Jeder darf einen Maulwurf aus Papier gestalten und schult dabei seine Feinmotorik.

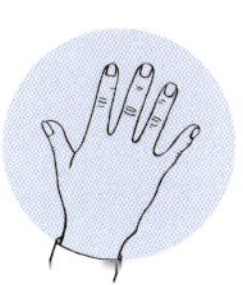

Ein Fingerspiel fördert die Auge-Hand-Koordination und Sprachentwicklung der Kleinen.

Die Kinder dürfen Bohnen pflanzen und das schnelle Wachstum dieser Pflanzen beobachten.

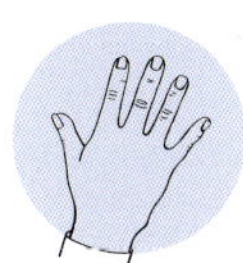

Ein Kimspiel schult den taktilen Sinn Ihrer Jüngsten und verbessert den Wortschatz.

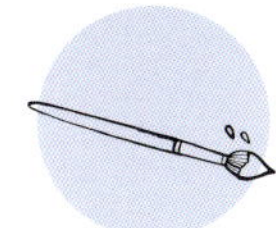

Jedes Kind kann mithilfe von Bohnen eine eigene Rassel herstellen, welche beim Morgenkreis zum Einsatz kommt.

Der Maulwurf Manfred

Das brauchen Sie:

- ✓ Wiese (grünes Tuch)
- ✓ Erdhügel (braune Tücher über umgedrehte Schüsseln legen)
- ✓ Louise (Figur oder aus Papier)
- ✓ Maulwurf (Figur oder aus Papier)
- ✓ Liesbeth (Figur oder aus Papier)
- ✓ Mama (Figur oder aus Papier)
- ✓ Blumentöpfe (oder Joghurtbecher)
- ✓ Bohnen (echt oder Perlen o. Ä.)
- ✓ Schaufel
- ✓ Gießkanne (Dekogießkanne)

Manfred Maulwurf gräbt seine Gänge.

Im Garten sind überall auf der **Wiese Erdhügel** zu sehen und **Louise** wundert sich, woher diese stammen. Plötzlich bewegt sich die Erde an einem der Hügel und ein Kopf kommt zum Vorschein. „Ach herrje! Wo kommst du denn her?", ruft die Schnecke. „Na, von da unten!", antwortet der unbekannte Gartenbewohner. „Was machst du denn da unten?" – „Ich wohne dort und grabe Gänge ins Erdreich. Die Erde schaffe ich dann nach oben, da ich sie nicht brauche. Daher auch all die vielen Hügel, welche du siehst. Das sind meine Maulwurfshügel." – „Deine was?" – „Meine Maulwurfshügel. Ich bin schließlich ein **Maulwurf**. Mein Name ist Manfred", berichtet dieser und klettert aus der Erde heraus. Er hat ein glänzendes, schwarzes Fell und eine Nase, die ein bisschen wie ein Rüssel aussieht. „Mein Name ist Louise." – „Freut mich, dich kennenzulernen", erwidert Manfred. „Ich freue mich auch, dich kennenzulernen. Ich habe nämlich noch nie einen Maulwurf getroffen." – „Kein Wunder. Man sieht uns auch nur selten. Die meiste Zeit verbringen wir unter der Erde. Und jetzt entschuldige mich bitte. Ich habe noch viel zu tun. Ich grabe mir nämlich eine neue Nahrungshöhle." Jetzt erst bemerkt die Schnecke die großen Grabschaufeln an Manfreds Füßen. „Na, dann viel Spaß beim Buddeln", sagt Louise und *schwupps* ist der Maulwurf wieder unter der Erde verschwunden. Da kommt **Liesbeth** in den Garten. „Ach du meine Güte!", ruft sie. „Hier sind ja unzählige Maulwurfshügel. Das sieht aber nicht sehr schön aus." – „Aber sie sind sehr nützlich", spricht Liesbeths **Mama**. „Wozu sollen die denn gut sein?", will Liesbeth wissen. „Nun, die Erde dieser Hügel ist besonders locker und eignet sich prima zum Einpflanzen deiner Bohnen." – „Wirklich?" – „Ja, wirklich. Komm lass sie uns in deine **Blumentöpfe** füllen und dann die **Bohnen** darin einpflanzen", sagt ihre Mutter und holt eine kleine **Schaufel**. Gemeinsam füllen die beiden die Maulwurfserde in die Töpfe und pflanzen die Bohnen ein. Liesbeth gießt mit ihrer **Gießkanne** die Erde, damit die Bohnen gut anwachsen können. „So, und nun stellen wir die Töpfe an einen sonnigen Platz und wenn die Bohnen gekeimt und kleine Pflanzen daraus gewachsen sind, setzen wir sie ins Gemüsebeet." Und während die zwei die Bohnen an einen sonnigen Platz stellen, kriecht Louise zurück in ihr Schneckenhaus und freut sich bereits heute darauf, wenn irgendwann im Beet die großen Bohnen wachsen.

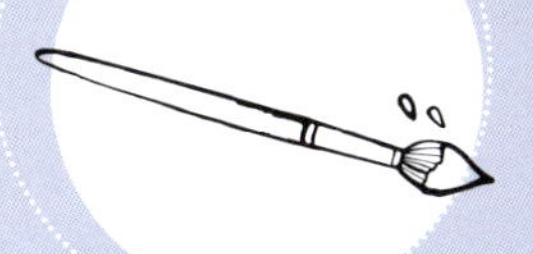

Manfred Maulwurf

Material:

- schwarzer, weißer und beigefarbener Tonkarton
- Schere
- Klebstoff
- Locher

Durchführung:

Für Körper und Gesicht

Bereiten Sie für den Körper ein schwarzes Rechteck vor (10x25 cm), einen weißen und einen schwarzen Streifen (1,5 cm) für Nase und Auge sowie ein beigefarbenes Rechteck (5x10 cm) für die Schnauze. Die Kinder schneiden am Körper alle vier Ecken ab. Vom weißen Streifen schneiden sie ein Stück als Auge ab und kleben einen schwarzen Locherpunkt als Pupille auf. Vom schwarzen Streifen schneiden sie ein Stück ab und verwenden es als Nasenspitze. Das beigefarbene Rechteck schneiden die Kleinen auf einer schmalen Seite schräg zu und verwenden es als Schnauze. Die Einzelteile des Gesichtes setzen sie mit Klebstoff zusammen.

Für Beine und Schwanz

Schneiden Sie als Vorbereitung für die Beine einen schwarzen Streifen zu (3x10 cm) sowie einen beigefarbenen Kreis (5 cm) für die Füße und ein schwarzes Rechteck (3x12 cm) für den Schwanz. Die Kinder halbieren den schwarzen Streifen und verwenden die entstandenen Hälften als Beine. Den Kreis schneiden sie mittig durch und verwenden die beiden Halbkreise als Füße. Um den typischen „Grabekrallen-Eindruck" zu erzeugen, schneiden die Kleinen mit Ihrer Hilfe an den Schnittkanten kleine Ecken aus den Kreishälften heraus. Das Rechteck schneiden sie diagonal durch und verwenden eine Hälfte davon als Schwanz. Die Einzelteile setzen sie mit Klebstoff zusammen und befestigen Schwanz, Beine und Kopf am Körper. Fertig ist Manfred, der Maulwurf.

So sieht ein fertiger Maulwurf aus.

Tipp:

Wenn Sie möchten, gestalten Sie mithilfe von braunem Transparentpapier Gänge an Ihren Fenstern oder basteln einen *Maulwurfshügel*. Grünes Transparentpapier kann zu *Grasbüscheln* verarbeitet werden und ebenfalls am Fenster befestigt werden. Anschließend können Manfred und seine Freunde durch die Gänge im Erdreich krabbeln und die Kinder dürfen sie dabei beobachten …

Zuerst werden die Einzelteile des Körpers zugeschnitten.

Sorgfältig werden die Papierteile des Körpers zugeschnitten.

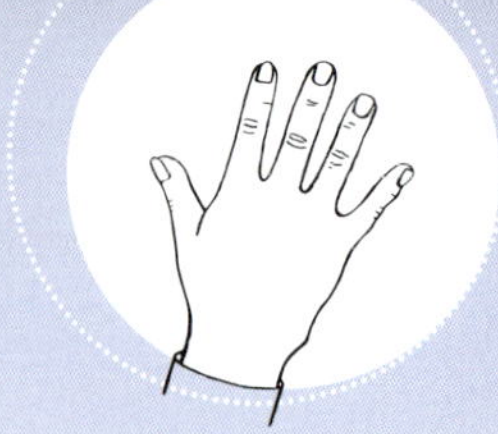

Der Maulwurf Manfred

Verse sprechen …	**Finger spielen …**
In der Erde wohn ich drin. Wollt ihr wissen, wer ich bin?	*Zeigefinger deutet nach unten/ausladende Handbewegung*
Ich lebe gern in eurem Garten, doch wo genau, wird nicht verraten.	*Arme formen einen Kreis (Garten/Kopf schütteln)*
Ich hab ein glänzend schwarzes Fell, mit meinen Füßen grab ich schnell,	*Mit der Hand über den Körper streichen/ pantomimisch graben*
ein tiefes Loch ins Erdreich rein, und lange Gänge, das ist fein.	*Arme formen einen Kreis (Loch/Zeigefinger beschreibt eine wellenförmige Linie vor dem Körper)*
Ich glaub, dass jeder von euch weiß, dass ich Manfred Maulwurf heiß!	*Auf die anwesenden Kinder deuten*

Bohnen pflanzen

Material:

- ✓ Marmeladenglas
- ✓ Blumenerde
- ✓ Feuerbohnen
- ✓ kleine Schaufel
- ✓ kleine Gießkanne, Wasser
- ✓ Rankhilfe, z. B. Bambusstange

Um Bohnen beim Wachsen zuschauen zu können, benötigen Sie nicht viel: ein Glas, etwas Erde und natürlich Bohnen. Gut geeignet sind hierzu die großen Feuerbohnen. Geben Sie den Kindern zunächst ausreichend Zeit, um die Bohnen genau zu betrachten. Sprechen Sie über Größe und Aussehen und regen Sie die Kleinen zum Sprechen an:

„Welche Farbe haben die Bohnen?"

„ Sind sie klein oder groß?"

„Wie fühlen sie sich an? Sind sie hart oder weich?"

Dann darf jedes Kind sein eigenes *„Bohnenglas"* mit Erde füllen. Mit einer kleinen Schaufel gelingt das schon den Kleinsten. Ist das Glas mit Erde gefüllt, können je nach Größe ein bis drei Bohnen hineingesteckt werden. Anschließend bedecken die Kinder diese mit etwas Erde. Weil Bohnen feuchten Boden mögen, darf jeder seine Bohnen gießen, bevor Sie diese an einen sonnigen Platz stellen.

Schon nach wenigen Tagen können Ihre Jüngsten in den Gläsern etwas beobachten: Aus den Bohnen wachsen erste weiße Wurzeltriebe heraus, welche man durch das Glas wunderbar betrachten kann.

In den nächsten Tagen sollten Sie immer wieder nach den Bohnen sehen, sie gießen, wenn die Erde zu trocken wird, und gemeinsam mit den Kindern beobachten, was sich im Glas verändert. Achtung: Die Erde sollte immer feucht, jedoch nie zu nass sein. Staunässe lässt die Bohnen faulen! Nach einer Weile wächst neben der Wurzel auch ein Stängel aus heraus und bald bilden sich erste Blätter. Bereits nach wenigen Tagen wird der Stiel zunehmend länger und die Wurzeln bilden sich stärker aus. Nach etwa zehn Tagen heißt es dann: Ab in den Garten! Damit die Pflanze groß und kräftig werden können, sollten Sie diese in Ihr Gemüsebeet pflanzen. Hierbei helfen die Kleinen sicher gerne mit. Nachdem ein Loch gegraben wurde, dürfen die Kinder die Pflanze hineinsetzen und die Wurzeln sorgsam mit Erde bedecken. Eine Bambusstange oder andere Rankhilfe benötigt die Bohne zum Wachsen. Knoten Sie die Pflanze daran fest und dann kann diese mühelos emporranken. Nun gießen die Kinder ihre frisch eingepflanzten Bohnen noch gut an und dann heißt es erst einmal warten …

Und nun viel Spaß beim Pflanzen, Beobachten und Wachsen!

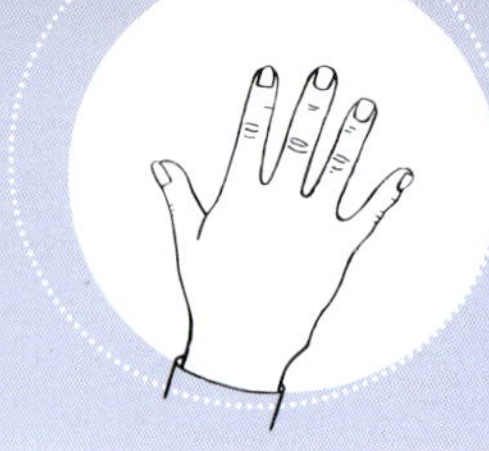

Maulwurf Manfred sieht nicht gut

Da Maulwürfe nicht gut sehen können und sich nahezu blind unter der Erde vorwärtsbewegen, müssen sie sich auf ihre anderen Sinne verlassen können. Der Geruchsinn, die auditive Wahrnehmung und vor allem der Tastsinn sind deswegen weitaus besser ausgeprägt. Und um die taktile Wahrnehmung dreht sich auch dieses Spiel, das Sie im Handumdrehen selbst herstellen können.

Das brauchen Sie:

- ✓ einen sauberen Plastikblumentopf
- ✓ eine ausgediente Kinderstrumpfhose
- ✓ Schere
- ✓ verschiedene Gegenstände zum Tasten: leeres Schneckenhaus, Stein, Stoffmaus, Holzkäfer, Dekoblume, Rinde, Walnuss, Stock, Zapfen, Tannenzweig etc.

So stellen Sie das Spiel her:

Legen Sie die ausgewählten Gegenstände in den Blumentopf hinein. Schneiden Sie etwas mehr als die Hälfte eines Strumpfhosenbeins ab und stülpen Sie dann die Strumpfhose über die Topföffnung. Und schon kann der Spielspaß beginnen …

So wird gespielt

Berichten Sie den Kindern, dass Manfred Maulwurf bei seinen Streifzügen durch die unterirdischen Gänge allerlei entdeckt. Zwar kann er die Dinge nicht sehen, aber er kann sie ertasten.

Jeder, der möchte, darf nun durch die Strumpfhosenöffnung in den Blumentopf hineinfassen und einen der dort versteckten Gegenstände erspüren. Der ausgewählte Gegenstand wird anschließend herausgezogen und gemeinsam überlegt, was der Maulwurf gefunden hat. Vielleicht können die Kleinen ja schon im Topf erfühlen, worum es sich jeweils handelt?
Dieses spannende Spiel fördert die taktile Wahrnehmung, die Begriffsbildung und Sprachentwicklung sowie Konzentration und Ausdauer.
Und sicher wird es Ihren Jüngsten auch jede Menge Freude bereiten, die versteckten Dinge ans Tageslicht zu befördern!

Bohnenrassel

Bohnen kann man nicht nur essen, anpflanzen und beim Wachsen beobachten, sondern man kann daraus ganz leicht tolle Rasseln herstellen.

Das brauchen Sie dazu:

- ✓ kleine Plastikflaschen mit Schraubverschluss
- ✓ Schüssel
- ✓ Bohnen
- ✓ Löffel, kleine Schaufel
- ✓ Trichter oder Blatt Papier
- ✓ ggf. Klebeband

So gestalten die Kinder ihre Bohnenrassel:

Füllen Sie die Bohnen in eine Schüssel und stellen Sie den Kleinen verschiedene Utensilien zur Verfügung, mit denen sie die Bohnen in die Flaschen einfüllen können. Jeder darf selbst entscheiden, ob er einen *Löffel* oder eine *Schaufel* nimmt oder die Bohnen lieber *mit der Hand* in die Flasche einfüllen möchte. Noch besser lassen sich diese mit einem *Trichter* durch den Flaschenhals befördern. Sollten Sie keinen zur Hand haben, können Sie aus einem Blatt Papier einfach selbst einen herstellen. Nun dürfen die Kinder die Bohnen aus der Schüssel nehmen, sie vorsichtig zur Flasche tragen und dort in den Trichter schütten. Dies erfordert eine gute Auge-Hand-Koordination und Konzentration. Doch Sie werden staunen, wie geschickt schon die Allerkleinsten sind, wenn man es ihnen zutraut. Jeder entscheidet selbst, wie viele Bohnen er in seine Flasche füllen möchte, bevor Sie den Deckel fest zuschrauben. Bei Bedarf können Sie diesen zusätzlich mit Klebeband fixieren.
Beim gemeinsamen Singen dürfen die Rasseln dann natürlich ausprobiert werden. Das macht Spaß!

Tipp:

Wenn Sie möchten, stellen Sie die Flaschen zum Befüllen in eine kleine Materialschale hinein, so werden heruntergefallene Bohnen dort aufgefangen und können einfach zurück in die Schüssel geschüttet werden.

Von Schmetterlingen und Erdbeeren

Schmetterlinge, auch Falter genannt, haben einen dünnen Körper und große Flügel mit rund 1 Million Farbschuppen, die wunderschöne Muster haben oder auch einfarbig sein können. Diese Insekten besitzen Facettenaugen und lange Fühler und es gibt sie nahezu auf der ganzen Welt (außer an zu kalten Orten). Schmetterlinge entstehen aus Raupen, welche aus Eiern schlüpfen. Das Raupenstadium ist deutlich länger als das Schmetterlingsstadium. Es gibt Tagfalter, aber auch welche, die dämmerungs- oder nachtaktiv sind. Die Tiere sind in der Lage, ultraviolettes Licht zu sehen, und haben ihre Geschmacksorgane an den Vorderbeinen. Beim Flug von Blüte zu Blüte transportieren sie Pollen weiter und helfen so bei der Pflanzenbestäubung. Die Raupen fressen unentwegt, haben einen wurstförmigen Körper, kleine Beine und Fresswerkzeuge. Wenn sie sich zu Puppen wandeln, bewegen sie sich nicht, bis sie sich in einem Kokon zu flugfähigen Insekten verwandelt haben. Das adulte Tier nimmt dann seine Nahrung ausschließlich mit seinem einrollbaren Rüssel zu sich, mit welchem es Nektar aus Blüten saugt.

Erdbeeren sind Rosengewächse und zählen nicht zu den Beeren-, sondern zu den Sammelnussfrüchten. Es sind krautartig wachsende Pflanzen, deren Blattoberseite grün und die Unterseite weißlich und behaart ist. Die Blätter sind meist dreiteilig und man unterscheidet je nach Sorte in Form, Größe und Farbe. Erdbeeren sind mehrjährig und haben weiße Blüten. Die eigentlichen Früchte sind die kleinen, gelben Nüsse auf der roten Scheinfrucht. Da Erdbeeren nicht nachreifen, sollte man nur reife Früchte ernten, die sehr gesund sind und viele Vitamine und Mineralien besitzen. Die Blühdauer ist von April bis Mai.

Juhu! Die Erdbeeren sind reif.

Eine Geschichte erzählt von der Schmetterlingsdame Sandra und die Kinder erfahren Wissenswertes über Erdbeerpflanzen.

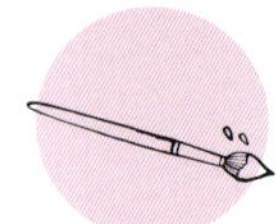

Die Kleinen können selbst eine Erdbeerpflanze im Topf gestalten.

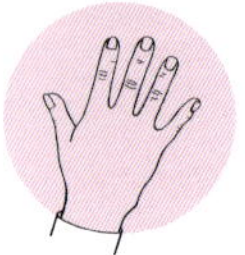

Ein Fingerspiel berichtet vom Leben der Schmetterlinge und fördert die Sprachentwicklung der Kinder.

Die Kleinen dürfen mithelfen, Erdbeeren zu pflanzen, und können deren Wachstum beobachten.

Die Kinder können verschiedene Schmetterlingsexponate bestaunen und genau betrachten.

Ein Lied animiert zum Mitsingen und die Kleinen lernen verschiedene Tiere und Pflanzen der Wiese kennen.

Schmetterlingsdame Sandra

Das brauchen Sie:

- ✓ Sonne (aus Papier)
- ✓ Louise (Figur oder aus Papier)
- ✓ Schmetterlinge/Zitronenfalter (Figuren oder aus Papier)
- ✓ Gemüsebeet (Karton mit braunem Tuch auslegen)
- ✓ Erdbeerpflanze (aus Papier)
- ✓ weiße Papierblüten, rote und grüne Erdbeeren
- ✓ Liesbeth (Figur oder aus Papier)
- ✓ Gießkanne (Deko- oder Kindergießkanne)

Die Erdbeeren wachsen jetzt.

Im Garten ist es Frühsommer geworden. Die **Sonne** scheint und **Louise** schaut den bunten **Schmetterlingen** beim Fliegen zu. Da bemerkt sie, dass ein gelber Schmetterling im **Gemüsebeet** auf einer weißen Blüte sitzt. „Hallo", begrüßt Louise ihn. „Was machst du denn hier?" „Guten Tag", antwortet der Schmetterling. „Mein Name ist Sandra, ich bin ein **Zitronenfalter**. Und ich trinke gerade von dieser **Erdbeerpflanze**." – „Erdbeerpflanze?" Die Schnecke wundert sich. „Ich kenne Erdbeeren. Das sind kleine, rote Früchte. Keine weißen Blüten." – „Nun, nicht ganz", widerspricht Sandra. „Wenn die Erdbeeren reif sind, dann sind es kleine, rote Früchte. Aber vorher sind es weiße Blüten. Die Früchte wachsen erst später. Wie heißt du eigentlich?"– „Louise. Bist du dir denn sicher, dass das hier eine Erdbeerpflanze ist? Ich glaube nicht, dass aus weißen Blüten rote Erdbeeren werden." – „Ich bin mir ganz sicher", antwortet Sandra, „du wirst schon sehen." Und dann fliegt der Zitronenfalter davon. Louise bleibt misstrauisch. Doch schon nach ein paar Tagen beginnt die Pflanze, sich zu verändern. Die Blüten welken und winzige, grüne Beeren wachsen an den Stielen. „Aber die sind ja ganz grün!", wundert die Schnecke sich. „Es gibt doch keine grünen **Erdbeeren**. Bestimmt hat Sandra sich geirrt." Kurze Zeit später färbt sich plötzlich eine inzwischen deutlich größer gewordene Erdbeere rot. „Na, sowas", ruft Louise, „wie kann denn das sein?" - „Das macht die Sonne", spricht auf einmal eine Stimme und Sandra sitzt neben der Schnecke im Gras. „Wenn man die kleinen Pflanzen immer gut gießt und die Sonne sie wärmt, dann werden aus weißen Blüten irgendwann rote Erdbeeren. Genauso wie ich es vorausgesagt habe", erklärt der Schmetterling. „Wie du es vorausgesagt hast", bestätigt Louise. „Dann will ich mich mal gleich auf den Weg machen, die süße, rote Erdbeere zu verspeisen", sagt die Schnecke und kriecht so schnell sie kann davon. Leider nicht schnell genug. Denn da kommt **Liesbeth** herbei. Sie trägt eine **Gießkanne**, um die Erdbeeren zu gießen. Dann sieht sie die rote Beere. „Die erste Erdbeere ist reif!", jubelt sie und steckt sie in den Mund. „Lecker!", freut sie sich. „Süß und saftig. Sicher wird es nicht mehr lange dauern, bis auch die anderen reif werden." Dann gießt sie diese und geht zurück ins Haus. „Oh", sagt Louise, „zu gerne hätte ich die Erdbeere gegessen. Schade, dass Schnecken so langsam sind. Aber das ist nicht so schlimm. Bald werden noch viel mehr Erdbeeren rot werden und dann ist sicher auch eine für mich dabei", lächelt sie und kriecht zurück in ihr Schneckenhaus.

Erdbeere

Material:

- ✓ 2 grüne Trinkhalme pro Kind
- ✓ roter und grüner Tonkarton
- ✓ Schere
- ✓ Klebstoff
- ✓ Klebeband
- ✓ gepresstes Erdbeerblatt pro Kind (dies müssen Sie im Vorfeld pflücken, pressen und laminieren)
- ✓ kleiner Joghurtbecher pro Kind
- ✓ Knete oder Sand zum Beschweren

So sieht eine fertige Erdbeerpflanze aus.

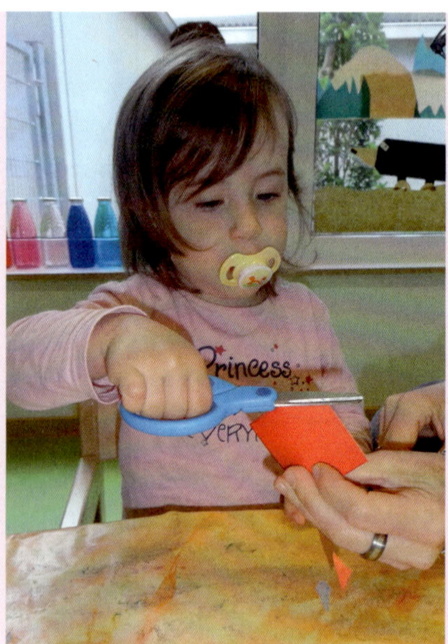

Zuerst werden die roten Früchte geschnitten.

Dann kommen die grünen Blätter dran.

Zuletzt wird alles noch geklebt und fertig ist die Erdbeerpflanze.

Durchführung:

Für die Frucht

Bereiten Sie drei rote Quadrate (5x5 cm) vor sowie einen grünen Streifen (0,5 cm).
Die Kinder schneiden an den roten Quadraten die Ecken auf einer Seite geringfügig, auf der anderen Seite großzügiger ab, sodass die typische dreieckige „*Erdbeerform*" entsteht.
Für jede Erdbeere schneiden sie drei Stücke des grünen Streifens ab und befestigen diese als Blätter an der Frucht.

Für die Stiele

Die Kleinen kürzen einen der beiden Trinkhalme um etwa 5 cm. Die beiden Halme fixieren Sie im unteren Drittel mit Klebeband aneinander.
Die Erdbeeren sowie ein laminiertes Erdbeerblatt befestigen die Kinder mit Klebeband an den Stielen.

Für den Blumentopf

Füllen Sie etwas Knete oder Sand in den leeren Joghurtbecher und lassen Sie die Kleinen ihre Erdbeerpflanze dort hineinstecken. Fertig.

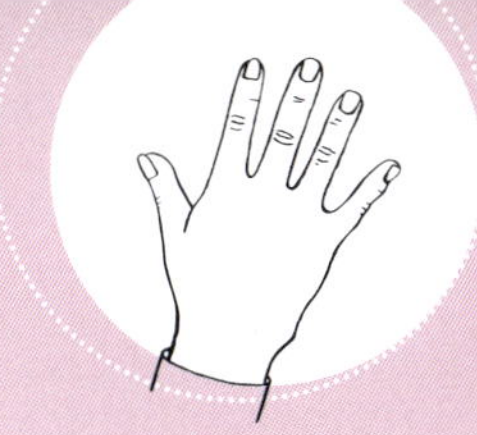

Von den Schmetterlingen

Verse sprechen ...	**Finger spielen ...**
Im Garten, wo die Blumen stehn, da kann man Schmetterlinge sehn.	*Arme formen einen Kreis (Garten)* *Finger spreizen (Blumen)* *Hand beschattet Augen*
Sie fliegen froh im Sommerwind, weil sie so leicht wie Federn sind.	*Arme auf und ab bewegen*
Leuchten rot, grün, blau und gelb und flattern fröhlich durch die Welt.	*Arme auf und ab bewegen*
Trinken Nektar von den Veilchen, ruhn sich aus dann für ein Weilchen.	*Pantomimisch etwas trinken* *still sitzen*
Sie mögen gerne Sonnenschein und schlafen erst am Abend ein.	*Finger einer Hand spreizen (Sonne)* *Kopf auf gefaltete Hände legen und* *Augen schließen*

Erdbeeren pflanzen

Material:

- kleine Schaufel
- Erdbeerpflanzen
- Gartenerde
- kleine Gießkanne mit Wasser
- Pflanzenstecker (z. B. laminiertes Bild von Erdbeeren)

Um im Sommer viele leckere Erdbeeren ernten zu können, bietet es sich an, diese im Frühjahr in das Gemüsebeet einzupflanzen. Hierbei helfen die Kinder sicher gerne mit.

Mit einer *Schaufel* heben die Kleinen zunächst ein Loch aus, in welches die kleine *Erdbeerpflanze* gesetzt wird.

Anschließend bedecken die Kinder die Wurzel wieder mit etwas Erde und drücken diese fest.

Erdbeeren pflanzen

Im Beet wurde ein geeigneter Platz für die kleinen Erdbeerpflanzen gefunden.

Ist die Erde sehr trocken, sollten die kleinen Pflänzchen etwas angegossen werden. Wer möchte, steckt noch einen *Pflanzenstecker mit einer Erdbeere* darauf in die Erde. Auf diese Weise erkennen die Kinder auf Anhieb, an welcher Stelle im Beet, sie die Erdbeeren gepflanzt haben.

Dann heißt es erst einmal warten und beobachten, wie die kleinen Pflanzen ganz allmählich größer werden. Nach einer Weile sind weiße Blüten an den Erdbeerpflanzen zu sehen. Berichten Sie Ihren Jüngsten, dass aus diesen Blüten später die süßen Erdbeeren werden.

Damit die Pflanzen gut wachsen können, benötigen sie neben viel Sonnenlicht auch immer ausreichend Wasser. Sicher helfen Ihnen die Kleinen beim Gießen gerne.

Zeigen Sie den Kindern die grünen Erdbeeren und sprechen Sie mit ihnen darüber, dass man die grünen Früchte noch nicht essen kann, da sie noch unreif sind.

Sind die Erdbeeren endlich rot geworden, können die Kinder beim Pflücken mithelfen. Und nach dem Waschen dürfen die köstlichen, süßen Früchte natürlich auch probiert werden.

Schmetterlinge

Material:

- ✓ tote Schmetterlinge, möglichst auf Holzscheiben befestigt

Schmetterlinge zählen zu den schönsten Insekten überhaupt. Ihre bunten, schillernden Flügel sehen wunderschön aus und schon die Kleinsten betrachten diese anmutigen Tiere gerne, wenn sie durch den Garten flattern. Um einen Schmetterling ausgiebig betrachten zu können, müsste er still auf einer Blume sitzen. Dies ist jedoch selten der Fall, weshalb wir uns entschieden haben, den Kindern einige nicht mehr lebende Exponate zu zeigen.
Damit die Kleinen die empfindlichen Falter auch intensiv betrachten können, bietet es sich an, diese auf Holzscheiben zu fixieren, welche die Kinder gut festhalten können.
Vielleicht entdecken Sie einen toten Schmetterling, der sich zum Betrachten eignet, oder Sie können in einem Schmetterlingsgarten nachfragen, ob man Ihnen einige Exemplare zur Verfügung stellen kann. Besonders exotische Arten sehen bezaubernd aus und schon kleine Kinder haben Freude beim Anschauen.

Weisen Sie Ihre Jüngsten auf die empfindlichen Flügel hin und zeigen Sie ihnen auch die verschiedenen Körperteile dieser Tiere.
Wer möchte, darf die Schmetterlinge vorsichtig mit dem Finger berühren.

Sie werden staunen, wie neugierig und interessiert bereits Kinder unter drei Jahren an solchen Betrachtungen sind und über welches Fingerspitzengefühl sie verfügen. Stellen Sie Fragen, wie:

„Welche Farbe hat der Schmetterling?“

„Ist er klein oder groß?“

„Wer sieht denn die beiden Fühler?“

Animieren Sie die Kleinen zum intensiven Betrachten und aktiven Sprechen und betrachten Sie gemeinsam diese faszinierenden Geschöpfe …

Von Marienkäfern und Kapuzinerkresse

Marienkäfer sind Insekten mit einem runden, halbkugelförmigen Körper. Es gibt sie in verschiedenen Farben, wie gelb, rot, schwarz oder orange. Manche haben Punkte, andere wiederum nicht. Die Anzahl der Punkte hängt von der Art ab und weist nicht etwa auf ihr Alter hin. Der winzige Kopf hat zwei Fühler und die Tiere besitzen vier Flügel (zwei Hautflügel zum Fliegen und zwei Deckflügel, die die Hautflügel schützen, wenn der Käfer nicht fliegt). Weiterhin haben sie, wie alle Insekten, sechs Beine und es gibt mehrere 1000 Arten. Bei Gefahr können sie Giftstoffe abgeben (bittere Flüssigkeit) und ihre Leibspeise sind Blatt- und Schildläuse. Marienkäfer überwintern im Laub oder Moos und krabbeln im Frühjahr aus ihren Verstecken heraus. Die Larven schlüpfen aus Eiern, die zu Puppen werden und sich schließlich in die adulten Käfer verwandeln (Dauer vier bis acht Wochen). Die Eier werden auf der Unterseite von Blättern abgelegt und wenn die Larven wachsen, häuten sie sich. Nach der dritten oder vierten Häutung verpuppen sie sich schließlich.

Die **Kapuzinerkresse** zählt zu den Kapuzinerkressegewächsen und es gibt etwa 60 Arten. Die Pflanzen mögen es schattig und haben runde, wasserabweisende Blätter (Lotuseffekt). Kapuzinerkresse wird auch als Arzneipflanze genutzt und ihre Blüten sind leuchtend gelb, rot oder orange. Ursprünglich stammt sie aus Lateinamerika und kann eine Wuchshöhe bis über einen halben Meter erreichen. Blüten und Blätter sind essbar und schmecken leicht scharf. Auch zur Behandlung von Erkältungskrankheiten kann die ein- bis mehrjährige Pflanze eingesetzt werden. Ihre Ranken winden sich um Zäune, Bäume u. Ä., aber es gibt auch buschige und niedrigwachsende Sorten. Die Blütezeit ist zwischen Mai und Oktober, danach bilden sich Kapselfrüchte. Diese Pflanze wird auch als *Dunkelkeimer* bezeichnet und kann ab Mai im Freien ausgesät werden, indem die Samen etwa 2 cm tief in die Erde gedrückt werden. Bereits nach ein bis zwei Wochen wachsen dann erste Keimblätter.

Was hat Louise denn da mitgebracht?

Die Kinder lernen den Käfer Karl kennen und erfahren etwas über das Wachstum der Kapuzinerkresse.

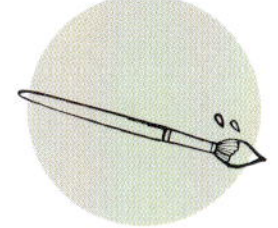

Die Kleinen können selbst Kapuzinerkresse gestalten und lernen dabei verschiedene Färbetechniken kennen.

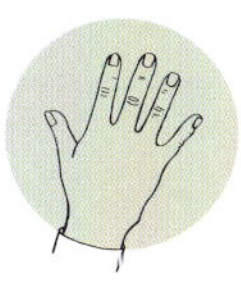

Ein Bewegungsspiel schult die Koordination und Sprachentwicklung der Kinder.

Die Kleinen dürfen selbst Kapuzinerkresse anpflanzen und deren Wachstum beobachten.

Ein Bewegungslied animiert zum Mitsingen und Sich-Bewegen.

Der Käfer Karl

Das brauchen Sie:

- ✓ Sonne (aus Papier)
- ✓ Himmel (blaues Tuch)
- ✓ Louise (Figur oder aus Papier)
- ✓ Gemüsebeet (Karton mit braunem Tuch auslegen)
- ✓ Gras (grünes Tuch)
- ✓ Käfer (Figur oder aus Papier)
- ✓ Kapuzinerkresse (aus Papier oder echt)

Der Käfer Karl

Es ist früh am Morgen und die **Sonne** geht gerade am **Himmel** auf, als **Louise** etwas bemerkt. Neben dem **Gemüsebeet** leuchten wunderschöne, gelbe, rote und orangefarbene Blüten. „Die sehen aber schön aus", staunt sie, „die will ich mir genauer anschauen." Langsam kriecht die Schnecke los, doch als sie das Gemüsebeet erreicht, ist es bereits früher Abend. „Puh", schnauft Louise, „das war anstrengend!" Dann betrachtet sie neugierig die leuchtenden Blüten einer Pflanze, die grüne, kreisrunde Blätter hat. Die Schnecke hat so eine Pflanze noch nie gesehen. Sie wächst dicht über der Erde und schlängelt sich wie eine Schlange durchs **Gras**. Weil Louise die Pflanze nicht kennt, beißt sie kurzerhand in eines der grünen Blätter hinein und probiert es. „Igitt", ruft sie sogleich und spuckt das abgeknabberte Blattstück wieder aus, „das schmeckt ja scheußlich!" – „Hi, hi!", hört Louise plötzlich jemanden kichern. Ein kleiner **Käfer** krabbelt hinter einem Blatt hervor. „Hallo", sagt er, „ich bin Karl, der Marienkäfer. Und wie heißt du?" – „Ich bin Louise", stellt diese sich vor. „Entschuldige, dass ich lachen musste. Aber ich habe noch keine Schnecke gesehen, die freiwillig in das Blatt der **Kapuzinerkresse** gebissen hat. Menschen mögen sie gerne. Aber Schnecken sicher nicht", weiß Karl. Er hat einen roten Rücken mit vielen schwarzen Punkten. Sein Kopf ist ebenfalls schwarz, genauso wie die beiden Fühler und die sechs dünnen Beine. Seine Augen sind klein und weiß. „Kapuzinerkresse? Was soll das sein?", fragt Louise. „Na, diese Pflanze hier. Man nennt sie Kapuzinerkresse und bekanntlich mögen Schnecken sie nicht", berichtet der Käfer. „Woher weißt du das denn?", will Louise wissen. „Na, das weiß doch jeder!" – „Ich wusste es nicht", sagt Louise. „Jetzt weißt du es", lacht Karl. „Dabei sieht sie so schön aus mit ihren runden Blättern und den leuchtenden Blüten", meint Louise. „Das stimmt. Aber nicht alles, was hübsch aussieht, schmeckt auch gut", erwidert der Käfer und Louise weiß das jetzt auch. „Was magst du denn gerne, Karl?" – „Am liebsten Blattläuse", antwortet er. „Blattläuse, igitt!", ruft Louise. „Da knabbere ich doch viel lieber Salatblätter." – „Jedem schmeckt nun mal etwas anderes gut. So ist das eben. Manche mögen Blätter, andere Früchte und wiederum andere eben Blattläuse. Und jetzt werde ich mal nachsehen, ob ich noch welche finden kann, bevor es dunkel wird. Mach's gut, Louise!" Und mit diesen Worten breitet Karl seine Flügel aus und fliegt davon. Louise schaut ihm noch eine Weile hinterher, bevor auch sie sich auf den Heimweg macht.

Kapuzinerkresse

Material:

- ✓ 3 runde Kaffeefilter, Größe 1 (weiß, Durchmesser ca. 9 cm)
- ✓ gelbe, rote und orangefarbene Fasermaler
- ✓ wasserfeste Unterlagen
- ✓ Pipette
- ✓ Schale mit Wasser
- ✓ 2 Wattepads
- ✓ grüne Wasserfarbe
- ✓ Pinsel
- ✓ Becher
- ✓ grüner Chenilledraht
- ✓ Nadel und Faden
- ✓ Schere

Eine wunderschöne Kapuzinerkresse

Durchführung:

Für die Blüten

Die Kinder bemalen drei Kaffeefilter mit den Fasermalern und legen sie auf die wasserfesten Unterlagen. Mithilfe der Pipette befeuchten sie diese und lassen sie über Nacht trocknen. Sobald die Farben mit Wasser in Berührung kommen, bluten sie aus und färben die Filter in wunderschönen Farbverläufen.

Für die Blätter

Rühren Sie in einem Becher Wasser mit viel grüner Wasserfarbe an und legen Sie die Wattepads auf die wasserfesten Unterlagen. Mit einem Pinsel betupften die Kleinen die Pads, bis diese sich komplett mit grüner Flüssigkeit vollgesogen haben. Die gefärbten Wattepads lassen Sie wieder über Nacht trocknen

Für den Stiel

Die Kinder schneiden vom grünen Chenilledraht ein etwa 30–40 cm langes Stück ab.

Fertigstellung:

Zuerst befestigen Sie die Blüten am Stiel, indem Sie jede Filtertüte mittig zusammenfalten, zu einer runden Blüte zurechtbiegen und sie mit Nadel und Faden am Chenilledraht festknoten. Um die Blätter am Stiel anbringen zu können, ziehen Sie mit der Nadel mittig einen Faden durch jedes Wattepad und binden es am Chenilledraht fest.

Tipp:

Wenn Sie eine längere Kapuzinerranke herstellen möchten, fertigen Sie einfach mehr Blüten und Blätter an und verwenden ein längeres Stück Chenilledraht.

Marienkäfer

Verse sprechen ...

Komm mal her! Bei uns im Garten
gibt es Tiere klein und schön.
Zwischen Blumen aller Arten
kann man viele Käfer sehn.

Spazieren gern im Sonnenschein,
sieh dir das doch einmal an.
Sie haben Punkte rund und klein,
an dem Käferrücken dran.

Sind den ganzen Tag lang munter,
viele Käfer, groß und klein.
Am Abend geht die Sonne unter
und alle Käfer schlafen ein.

Finger spielen ...

Pantomimisch jemanden zu sich her winken
Daumen und Zeigefinger stellen „klein" dar

Finger einer Hand krabbeln über den anderen Arm
Zeigefinger deutet Punkte am Rücken eines der mitspielenden Kinder an

sich strecken (groß), sich bücken (klein)
Kinder legen sich auf den Boden und schließen die Augen

Kapuzinerkresse pflanzen

Material:

- ✓ Kapuzinerkresse-Samen (Verpackung aufbewahren)
- ✓ Blumenerde
- ✓ kleine Schaufel
- ✓ kleine Gießkanne

Bevor Sie mit den Kindern die Kapuzinerkresse einpflanzen, sollten alle einen genauen Blick auf die Samen richten. Zeigen Sie sie den Kleinen und fragen Sie, ob jemand weiß, worum es sich hierbei handeln könnte. Geben Sie jedem Kind ausreichend Zeit zum genauen Betrachten. Natürlich dürfen die kleinen, runden Kügelchen auch vorsichtig in die Hand genommen und befühlt werden.

Eine tolle Kapuzinerkressepflanze ist gewachsen.

Berichten Sie den Kindern anschließend, was sie da vor sich sehen, und zeigen Sie ihnen, wenn möglich, die Packung, auf der die farbenfrohen Pflanzen abgebildet sind. Wir haben uns für eine Kapuzinerkresse mit niedriger Wuchshöhe entschieden, welche wir an verschiedenen Stellen unseres Gartens einpflanzen wollen. Hier können die Kinder mithelfen, ein kleines Loch zu graben, in welches sie jeweils einen Samen hineinstecken.

Anschließend bedecken sie die Samen wieder mit etwas Erde und gießen sie bei Bedarf. Damit sich der Garten in ein leuchtendes Blütenmeer verwandelt, dürfen die Kleinen die Samen sowohl im Gemüsebeet als auch an anderen Stellen mit magerem Boden einsäen.

Dann heißt es erst einmal warten und bald schon werden alle staunen, was aus den unscheinbaren, kleinen Kugeln gewachsen ist …

Bei den Bohnen ist ein guter Platz für die Kressesamen.

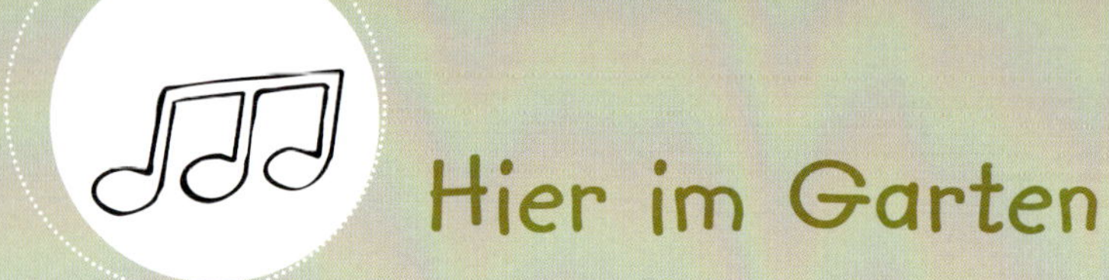

Hier im Garten

Melodie: traditionell, „Brüderchen komm tanz mit mir“ | **Text:** Eva Danner

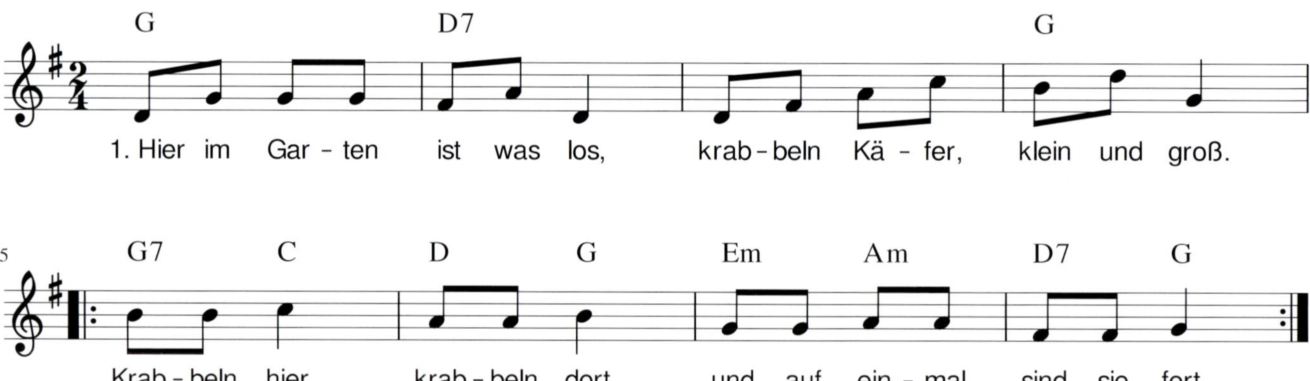

2.
Alle krabbeln froh umher,
das gefällt den Käfern sehr.
II: Krabbeln hier, krabbeln dort
und auf einmal sind sie fort. :II
Finger bewegen sich als Käfer von rechts nach links und verschwinden dann hinter dem Rücken

3.
Haben Punkte an sich dran,
die ein jeder sehen kann.
II: Krabbeln hier, krabbeln dort
und auf einmal sind sie fort. :II
Zeigefinger deutet Punkte am Körper an/Finger bewegen sich als Käfer von rechts nach links und verschwinden dann hinter dem Rücken

4.
Abends woll'n sie ihre Ruh,
machen schnell die Augen zu.
II: Schlafen ein, groß und klein,
all die vielen Käferlein. :II
Kopf auf gefaltete Hände legen/Augen schließen und leise singen

Von Kopfsalat und Speisezwiebeln

Der **Kopfsalat** zählt zu den Gartensalaten und ist ein Korbblütler. Typisch ist seine gestauchte Sprossachse mit Blättern, die so dicht beieinanderliegen, dass sie sich überlappen und eine Art Kugel (Kopf) bilden. Er ist eine ein- bis 2-jährige Pflanze, mit einer Pfahlwurzel und Blättern, die breiter als lang sind und eine weiche Oberfläche aufweisen. Die Blätter sind meist grün, können aber auch rötlich oder gelblich sein. Der Kopfsalat bevorzugt einen sonnigen Standort und wird gerne regelmäßig gegossen. Da er sehr druckempfindlich ist, ist er auch nicht lange lagerbar und muss rasch verzehrt werden. Er wächst im Frühjahr und je wärmer es wird, umso schneller rankt er empor, bildet Blüten und ist dann nicht mehr genießbar. Die Anzucht erfolgt jährlich aus Samen und die Saatzeit beginnt ab Februar/März im Frühbeet und ab April im Freibeet. Ernten kann man den Salat nach etwa sechs bis acht Wochen.

Die **Speise-** oder auch **Küchenzwiebel** zählt zur Gattung Lauch und ist eine ausdauernd krautige Pflanze, die zu den ältesten Kulturpflanzen der Menschheit zählt. Es gibt viele verschiedene Arten, doch alle bevorzugen eine sonnige Lage und mögen es warm. Beim Anbau unterscheidet man in Sommerzwiebeln (werden im Frühjahr gesät oder als Steckzwiebelkultur gesteckt und zwischen August und Oktober geerntet/**zur Info:** Steckzwiebeln sind kleine, haselnussgroße Zwiebelchen) und Winterzwiebeln (werden im August gesät, reifen im Frühjahr heran und können ab Juni geerntet werden). Die Speisezwiebeln können geerntet werden, sobald das Laub vergilbt ist und von selbst umfällt.

Der Kopfsalat ist reif.

Eine lustige Geschichte erzählt vom Wachstum des Kopfsalats und warum Tiere und Menschen diesen so gerne mögen.

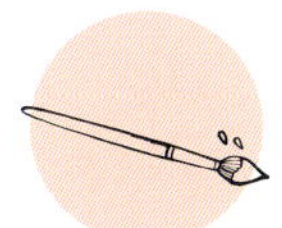

Jeder darf seinen eigenen Salat gestalten und schult dabei seine Koordination und Feinmotorik.

Ein Rap berichtet über die Salatpflanze und regt die Kleinen zum rhythmischen Sprechen an.

Die Kinder dürfen selbst Zwiebeln pflanzen, ihr Wachstum beobachten und die reifen Zwiebeln ernten.

Ein Lied regt zum Mitsingen an und fördert die Musikalität der Kleinen.

Louise und der Kopfsalat

Das brauchen Sie:

- ✓ Louise (Figur oder aus Papier)
- ✓ Gemüsebeet (Karton mit braunem Tuch auslegen)
- ✓ Liesbeth (Figur oder aus Papier)
- ✓ Korb
- ✓ Kopfsalat (aus Papier oder aus dem Kinderkaufmannsladen)
- ✓ Messer (aus der Kinderküche)
- ✓ Mama (Figur oder aus Papier)
- ✓ Schüssel
- ✓ Kapuzinerkresse (aus Papier oder echt)
- ✓ Zwiebel (echt, aus dem Kaufmannsladen oder aus Papier)
- ✓ Gartentisch (Karton o. Ä.)
- ✓ Gartenbank (konstruieren)
- ✓ Teller und Gabeln
- ✓ Salatblatt (echt oder aus Papier oder Filz)

Der Salat kann geerntet werden.

Liesbeth hat vor einiger Zeit im Gemüsebeet drei kleine Salate eingepflanzt. Sehr zur Freude von **Louise**, denn sie liebt die knackigen, grünen Kopfsalatblätter. Inzwischen sind die kleinen Pflanzen schon gut gewachsen, denn Liesbeth gießt sie oft. Als die Schnecke eines Morgens am **Gemüsebeet** ankommt, sind darin drei große, runde Köpfe gewachsen. Sie sind grün und sehen köstlich aus. „Oh!", freut Louise sich und kriecht auf einen Salatkopf, um dessen Blätter zu verspeisen. Doch gerade als sie an einem großen Blatt knabbern will, kommt **Liesbeth** mit einem **Korb** angerannt. „Erntezeit!", ruft sie laut. „Mein **Kopfsalat** ist ja riesig geworden", freut Liesbeth sich. Dann nimmt sie ein **Messer** aus dem Korb und schneidet den Salat dicht über der Erde ab. Gerade als sie ihn in ihren Korb legen will, spricht ihre **Mama**: „Sieh nur, Liesbeth, eine Schnecke." Erst jetzt bemerkt Liesbeth Louise, die sich vor Schreck in ihrem Schneckenhaus versteckt hat. „Die ist aber hübsch", sagt Liesbeth. „Und offenbar mag sie Salat genauso gerne wie wir", schmunzelt ihre Mama. Dann pflückt sie behutsam das große Salatblatt samt Louise und legt es auf den Boden. „Das Blatt ist für dich", sagt sie und dann gehen die beiden zurück ins Haus. Louise kriecht langsam aus ihrem Häuschen heraus und sieht Liesbeth und ihre **Mama** mit einer großen **Schüssel** zurückkommen. „Ich freue mich schon auf den leckeren Salat", ruft Liesbeth. „Ich mich auch. Aber warte, ich will noch schnell etwas holen", antwortet ihre Mama und läuft Richtung Gemüsebeet. „Was will sie denn jetzt noch?", murmelt Louise und macht sich Sorgen, man könnte ihr das leckere Salatblatt doch noch wegnehmen. Doch Liesbeths Mama will nicht zum Beet, sie spaziert geradewegs zur **Kapuzinerkresse**, die daneben wächst. Dort pflückt sie ein paar gelbe und orange Blüten. „Die darf sie haben", denkt die Schnecke beruhigt, „die schmecken mir sowieso nicht." Liesbeths Mutter streut die Blüten in den Salat und bringt noch eine kleine **Zwiebel** mit, die sie in den Salat schneidet. Und dann lassen sich die beiden diesen am kleinen **Gartentisch** schmecken. Auf der **Gartenbank** ist es gemütlich und jeder hat einen **Teller** voller Salat vor sich stehen. Und Louise? Die knabbert in aller Ruhe ihr Salatblatt. Und so ist am Ende des Tages jeder satt geworden: Liesbeth, ihre Mama und auch Louise.

Kopfsalat

Material:

- ✓ Pappteller (Durchmesser ca. 18 cm)
- ✓ grünes Transparentpapier
- ✓ Schere
- ✓ Tapetenkleister
- ✓ Pinsel

Durchführung:

Bereiten Sie aus dem grünen Transparentpapier mehrere Streifen (3–4cm) vor, welche die Kinder in Stücke schneiden oder auch reißen.
Wenn die Kleinen die Stücke lieber per Hand abreißen wollen, sollten Sie die Streifen an mehreren Stellen leicht anreißen, da es sonst für Ihre Jüngsten zu schwierig ist.
Mit dem Pinsel bestreichen die Kinder den Pappteller mit Tapetenkleister und befestigen die grünen Papierstücke darauf. Fertig ist ein toller Kopfsalat.

Zuerst werden die Papierstücke geschnitten ...

... dann werden diese aufgeklebt ...

... und noch viel mehr aufgeklebt ...

... bis der Kopfsalat fertig ist

Salat! Salat!

Salat! Salat!
Schmeckt gut und macht auch satt.
Wächst im Garten hinterm Haus,
sieht saftig, grün und lecker aus.
Salat! Salat!
Schmeckt gut und macht auch satt.

Salat! Salat!
Schmeckt gut und macht auch satt.
Hat viele Blätter an sich dran,
die man ja alle essen kann.
Salat! Salat!
Schmeckt gut und macht auch satt.

Salat! Salat!
Schmeckt gut und macht auch satt.
Waschen, schneiden, das muss sein,
dann noch leckre Kräuter rein.
Salat! Salat!
Schmeckt gut und macht auch satt.

Salat! Salat!
Schmeckt gut und macht auch satt.
Nun steht er gewürzt und frisch
endlich auf dem Mittagstisch:
So ist er der Hit!
Guten Appetit!

Speisezwiebeln pflanzen

Material:

- ✓ Steckzwiebeln
- ✓ Schale
- ✓ Tuch
- ✓ Blumenerde

Bevor Sie gemeinsam mit den Kindern die Zwiebeln in ihr Gemüsebeet pflanzen, bietet sich eine *Sachbetrachtung* an. Legen Sie die kleinen *Steckzwiebeln* in eine *Schale* und bedecken Sie diese mit einem Tuch. Die Kleinen dürfen nun unter das Tuch fassen und fühlen, was sich dort befindet.

Entfernen Sie anschließend das Tuch und zeigen Sie den Kindern die kleinen Zwiebeln. Regen Sie sie zum Sprechen an, indem Sie Fragen stellen, wie:

„Was könnte das sein?"

„Wer hat so etwas schon einmal gesehen?"

„Riecht es nach etwas?"

Lassen Sie die Kinder die kleinen Zwiebelchen in die Hand nehmen und daran riechen. Berichten Sie ihnen anschließend, worum es sich hierbei handelt, und geben Sie jedem Kind ausreichend Zeit zum genauen Betrachten und Befühlen.
Gehen Sie danach gemeinsam in den Garten und pflanzen Sie dort die Zwiebeln ein. Ein perfekter Zeitpunkt ist hier das Frühjahr (März bis April). Drücken Sie hierzu kleine Vertiefungen in die Erde, in welche die Kleinen jeweils eine Zwiebel stecken. Anschließend bedecken Ihre Jüngsten die eingepflanzten Zwiebeln wieder mit Erde, jedoch so, dass die Spitzen noch zu sehen sind.
Dann heißt es erst einmal warten, denn es dauert eine Weile, bis die ersten grünen Stiele aus den Zwiebeln herauswachsen.
Geben Sie den Kindern die Möglichkeit, die Zwiebeln beim Wachsen zu betrachten und Veränderungen bewusst wahrzunehmen. Sie können jedoch nur die Veränderungen des Krauts beobachten, denn die Zwiebeln liegen gut versteckt in der Erde. Dass die Zwiebeln erntereif sind, erkennt man daran, dass ungefähr zwei Drittel der Blätter gelb und welk geworden sind (etwa August). Dann können die Zwiebeln daran herausgezogen und verarbeitet werden.

Bei uns im Garten

Melodie: traditionell, „Es tanzt ein Bi-ba-butzemann" | **Text:** Eva Danner

2.
Bei uns im Garten ist was los,
da wächst Gemüse, klein und auch groß.
Bei uns im Garten ist was los,
da wächst Gemüse bloß.

Da gibt es Zwiebeln, sieh mal an,
sind scharf, das weiß ein jedermann.
Bei uns im Garten ist was los,
da wächst Gemüse bloß.

3.
Bei uns im Garten ist was los,
da wächst Gemüse, klein und auch groß.
Bei uns im Garten ist was los,
da wächst Gemüse bloß.

Ja selbst Radieschen, das ist wahr,
und viele leckre Paprika.
Bei uns im Garten ist was los,
da wächst Gemüse bloß.

4.
Bei uns im Garten ist was los,
da wächst Gemüse, klein und auch groß.
Bei uns im Garten ist was los,
da wächst Gemüse bloß.

Tomaten, Gurken, Bohnen fein,
die wachsen gut bei Sonnenschein.
Bei uns im Garten ist was los,
da wächst Gemüse bloß.

Tomaten im Garten

Die **Tomate** ist ein Nachtschattengewächs, das auch Goldapfel oder Paradeiser genannt wird. Sie mag gerne Sonne und Licht und kann etwa ab Mai in den Garten gesetzt werden. Tomaten brauchen zum Wachsen eine Rankhilfe (Stab o. Ä.), welche sie stützt. Die Tomate ist eine krautige Pflanze, deren Stängel grün und behaart sind und die gelbe Blüten bildet. Die Früchte sind Beeren, können in den unterschiedlichsten Formen und Farben wachsen und besitzen eine Vielzahl an Samen. Tomaten können weiß, gelb, orange, rot, rosa, violett, grün, braun oder sogar schwarz sein. Sogar gestreifte und marmorierte Tomaten sind bekannt und sehen ausgesprochen schön aus. Doch am häufigsten und bekanntesten sind rote Tomaten. Man sollte die Pflanzen immer ausreichend bewässern, um ein optimales Wachstum zu erzielen. Die Früchte bestehen zu über 90 % aus Wasser, aber auch Vitamine und Mineralstoffe sind darin enthalten. Wichtig ist, dass immer nur reife Früchte verzehrt werden. Die unreifen Früchte sowie das Grün der Pflanze sind bei Verzehr giftig.

So viele Tomatenpflanzen!

Eine Geschichte berichtet vom Wachstum der Tomaten und die Kinder erfahren Wissenswertes über diese Pflanzen.

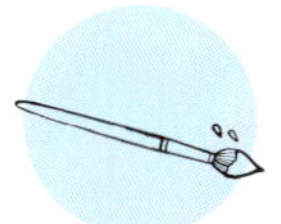

Die Kleinen dürfen Tomatenpflanzen gestalten und mit echten Blättern verzieren.

Ein Sprechvers erzählt von Tomaten, Gurken und Paprika und fördert die Sprachentwicklung der Kinder.

Die Kleinen helfen dabei, Tomaten zu pflanzen, und können deren Wachstum beobachten.

Die Kinder dürfen eine Rohkostplatte aus verschiedenem Gartengemüse zubereiten und erfahren etwas über die Verarbeitung von Gemüse.

Louise und die Tomaten

Das brauchen Sie:

- ✓ Louise (Figur oder aus Papier)
- ✓ Pflanze (aus Papier: 1-mal klein, 1-mal groß, 1-mal mit Blüten)
- ✓ Gemüsebeet (Karton mit braunem Tuch auslegen)
- ✓ Liesbeth (Figur oder aus Papier)
- ✓ Gießkanne (Deko- oder Kindergießkanne)
- ✓ Kreise (aus Papier: Vorderseite grün, Rückseite rot)
- ✓ Korb

Die Tomatensaison ist eröffnet.

Louise beobachtet seit einigen Tagen eine kleine, grüne **Pflanze** im **Gemüsebeet**. „Was ist das nur für eine sonderbare Blume?", wundert sie sich. Jeden Morgen und Abend kommt **Liesbeth** und gießt sie mit der **Gießkanne**. „Diese Pflanze muss sehr durstig sein", kommt es Louise in den Sinn, „so viel Wasser, wie sie trinkt." Nach einer Weile ist aus der kleinen Pflanze eine ziemlich große geworden. Sie hat einen langen Stiel und viele grüne Blätter. Eines Tages stellt die Schnecke fest, dass die Pflanze gelbe **Blüten** bekommen hat. „Wie schön!", freut sie sich. Doch bereits wenige Tage später sind diese verwelkt. Trocken und blass hängen sie an den Ästen. „Oh, sie sind verblüht. Wie schade", sagt Louise traurig. Da kommt Liesbeth herbei. Als sie die Pflanze sieht, jubelt sie: „Juhu, es geht los! Mama, Mama!", ruft sie laut und rennt eilig zurück ins Haus. „Es geht los?", sagt Louise zu sich selbst. „Was denn? Warum freut Liesbeth sich denn so über die welken Blüten? Sie sind doch überhaupt nicht mehr schön." Und so beschließt die Schnecke, den weiten Weg zu den Blüten hinaufzukriechen, um selbst herauszufinden, was los ist. Es dauert eine ganze Weile, denn der Pflanzenstiel ist lang und Louise ist ja nicht gerade die Schnellste. Aber irgendwann hat sie es geschafft und erreicht die Blüten. Und erst jetzt erkennt sie, dass die Blüten zwar welk sind, aber an ihren Enden winzige, grüne **Kugeln** gewachsen sind.

So eine merkwürdige Blume hat Louise noch nie gesehen. In den nächsten Tagen werden die Kugeln immer größer und dann passiert etwas Unglaubliches: Die grünen Kugeln färben sich plötzlich rot. „Oh!" ist alles, was Louise sagen kann. Staunend sitzt die Schnecke am Gemüsebeet, als Liesbeth herbeikommt. „Die Tomaten sind reif!", ruft sie, pflückt eine und beißt hinein. „Mmmm, lecker!" Dann saust sie zurück ins Haus und kehrt mit einem **Korb** zurück, in den sie alle roten Früchte legt. „Die anderen brauchen noch eine Weile, bis sie reif sind!", sagt sie. „Aber die hier reichen für einen leckeren Tomatensalat. Ich freu mich schon drauf." Lachend spaziert Liesbeth davon. „*Tomaten* nennt man sie also. Dann ist das eine Tomatenpflanze, keine Blume. Aber sie sieht mindestens genauso schön aus, mit ihren roten Kugeln", lacht Louise. Und nachdem sie endlich das Geheimnis der Tomatenpflanze gelüftet hat, kann sie sich gemütlich auf den Heimweg machen.

Tomatenpflanze

Material:

- 3 Wattepads
- rote Fingerfarbe
- Becher
- Pinsel
- wasserfeste Unterlage
- braune Kaffeefiltertüte
- grüner Tonkarton
- blauer Tonkartonbogen (DIN A3)
- gepresste und laminierte Tomatenblätter
- Schere
- Klebstoff

Die Wattepads werden betupft.

Und als Tomaten nach dem Trocknen aufgeklebt.

Durchführung:

Für die Tomaten

Rühren Sie in einem Becher Wasser mit roter Wasserfarbe an und legen Sie die Wattepads auf die wasserfeste Unterlage.
Ihre Jüngsten betupfen drei Pads (oder weniger) mit der roten Flüssigkeit und lassen sie über Nacht trocknen.

Für Blumentopf, Stiele und Blätter

Schneiden Sie grüne Streifen zurecht, 1 cm breit für die Stiele und 0,5 cm breit für die Blätter.
Die Kleinen befestigen zuerst die Kaffeefiltertüte mit Klebstoff auf dem blauen Papierbogen. Vom breiten Streifen schneiden sie ein Stück als Stiel ab (ca. 30 cm) und zwei Stücke als Äste (je ca. 15 cm). Die Einzelteile befestigen sie auf dem blauen Papierbogen. Die getrockneten Wattepads kleben die Kleinen als Tomaten fest und fixieren gepresste Tomatenblätter an verschiedenen Stellen. Vom dünnen Streifen schneiden die Kinder pro Tomate zwischen drei und fünf Stücke ab (Länge pro Blatt etwa 3–4 cm), welche Sie über die geschlossene Schneide einer Schere ziehen. Dadurch wellen sich die Papierstücke und erzeugen einen plastischen Effekt. Die Blätter befestigen die Kinder an den roten Früchten und fertig ist eine tolle Tomatenpflanze im Topf.

Tomaten, Gurken, Paprika

Bei uns im Garten wachsen, ja,
Tomaten, Gurken, Paprika.

Tomaten, die sind rot und rund
und obendrein auch noch gesund.

Gurken, die sind grün und lang,
schmecken wirklich jedermann.

Paprika sind kunterbunt,
manche lang und andre rund.

Und aus allen diesen Sachen
lässt sich etwas Leckres machen.

Probiert es doch mal aus!
Geht in den Garten raus.

Anmerkung:

Sie können die im Sprechvers genannten Gemüsesorten mitbringen und den Kindern zeigen. Gemeinsam können diese zunächst mit Namen benannt werden, ehe der Vers zusammen gesprochen wird. Und aus dem Gemüse lässt sich im Anschluss eine leckere Rohkostplatte zubereiten.

So viele verschiedene Gemüsesorten!

Ich habe die roten Tomaten entdeckt.

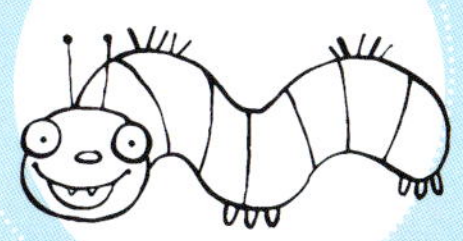

Tomaten pflanzen

Material:

- ✓ kleine Tomatenpflanzen
- ✓ Gartenerde
- ✓ kleine Schaufeln
- ✓ kleine Gießkanne mit Wasser

Leckere Tomaten sollten in Ihrem Gemüsebeet auf keinen Fall fehlen. Es bietet sich an, kleine Tomatenpflänzchen zu kaufen, da das Heranziehen aus Samen relativ lange dauern kann.
Betrachten Sie gemeinsam mit den Kindern die *Tomatenpflanze* und benennen Sie die einzelnen Pflanzenteile.
Dann geht es in den Garten. Die Kleinen dürfen mithelfen, ein Loch in die Erde zu graben, in welches die Tomate eingepflanzt werden soll. Vorsichtig stecken sie diese in das Loch, bedecken die Wurzeln mit Erde und drücken alles gut fest. Damit die Tomate gut wachsen kann, benötigt sie ausreichend Wasser. Beim Gießen haben die Kleinen sicher viel Freude. Hinterher Händewaschen nicht vergessen!

Sehen Sie regelmäßig nach den Tomaten und bewässern Sie diese ausreichend. Schnell werden die Pflanzen größer und es blühen gelbe Blüten daran. Sobald diese welken, bilden sich winzige, grüne Tomaten, die ein bisschen wie Murmeln aussehen. Betrachten Sie zusammen mit den Kindern diese Veränderung und sprechen Sie darüber.

Die kleinen, grünen Tomaten werden dann rasch zu großen, grünen Tomaten. Färben diese sich dann rot, können sie bald geerntet werden und natürlich darf jeder auch davon probieren.

Rohkostplatte

Das brauchen Sie:

- ✓ verschiedene Gemüsesorten
- ✓ Korb
- ✓ Tuch
- ✓ Schneidebrettchen und Messer
- ✓ Teller

Bevor Sie gemeinsam mit den Kindern die Rohkostplatte zubereiten, können Sie eine *spannende Sachbetrachtung* anbieten, bei welcher die Kleinen sich intensiv mit Tomaten und anderen Gemüsesorten auseinandersetzen dürfen. Legen Sie Ihre gewählten *Gemüsesorten* in einen *Korb* und lassen Sie die Kinder der Reihe nach eine herausholen. Regen Sie sie hierbei zum Sprechen an, indem Sie Fragen stellen, wie:

„Was ist das für eine Gemüsesorte?“

„Welche Farbe hat sie?“

„Hast du sie schon einmal gegessen?“

Anschließend legen Sie das Gemüse nebeneinander auf ein Tuch und benennen alle Gemüsesorten mit Namen.

Bevor das Gemüse verarbeitet werden kann, waschen Sie dieses zusammen mit Ihren Jüngsten gründlich.
Nun können alle beim Kleinschneiden helfen, was viel Freude bereitet.
Die Gemüsestücke dürfen die Kleinen auf eine *Platte* oder einen großen *Teller* legen, welcher später auf den hübsch gedeckten Tisch gestellt wird.

Mit leckerem *Butterbrot*, *Käse* und was immer Sie Ihren Jüngsten noch anbieten möchten, haben Sie gemeinsam ein gesundes, schmackhaftes Frühstück zubereitet.

Guten Appetit!

Von runden Radieschen

Radieschen zählen zu den Rettichen und werden der Familie der Kreuzblütengewächse zugeordnet. Ihre Speicherknolle ist meist rund, rot und scharf. Der Geschmack stammt von einem Senföl, welches für die Schärfe verantwortlich ist. Es gibt aber auch weiße, gelbe und violette Knollen und auch die Form kann variieren: von rund, über oval bis kegelförmig. Innen sind die Knollen immer weiß und ihre Blätter sind grün und lang. Viele verschiedene Sorten sind als Saatgut erhältlich, welches man ab März ins Gemüsebeet einsäen kann. Radieschen sollte man immer gut wässern, um ein optimales Wachstum zu erzielen. Die Keimzeit beträgt etwa sieben Tage und bereits nach ungefähr vier bis sechs Wochen können die reifen Knollen geerntet werden, da sie sehr schnell wachsen. Mit der Ernte sollte man auch nicht zu lange warten, da die Knolle verholzen kann und dann nicht mehr gut schmeckt.

Ich habe die Radieschen entdeckt.

Die Kinder erfahren Wissenswertes über das Wachstum von Radieschen und deren Aussehen.

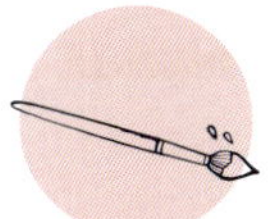

Bei einem Kreativangebot darf jeder ein Radieschen färben und gestalten.

Ein Sprechvers animiert zum rhythmischen Sprechen und schult die Sprachentwicklung der Kleinen.

Die Kinder setzen sich mit dem Aussehen von Radieschen auseinander und dürfen diese natürlich auch probieren.

Die Kleinen können Radieschen selbst anpflanzen und deren Wachstum beobachten.

Louise und die Radieschen

Die Radieschen werden immer größer.

Das brauchen Sie:

- ✓ Louise (Figur oder aus Papier)
- ✓ Liesbeth (Figur oder aus Papier)
- ✓ Gemüsebeet (Karton mit braunem Tuch auslegen)
- ✓ Samen (braune Locherpunkte)
- ✓ Gießkanne (Deko- oder Kindergießkanne)
- ✓ Blätter (aus Papier)
- ✓ Radieschen (Kinderkaufmannsladen oder echte)

Louise beobachtet, wie **Liesbeth** winzige **Körner** ins **Gemüsebeet** streut und mit Erde bedeckt. „So, die Samen sind nun gut zugedeckt, jetzt müssen sie nur noch gegossen werden." Und schon holt sie ihre **Gießkanne**. Bereits nach einer Woche wachsen genau an dieser Stelle winzige, grüne **Blätter** aus der Erde heraus, die rasch größer werden. Eines Abends kommt die Schnecke am Beet vorbei und dieses Mal kann sie nicht länger widerstehen. Hungrig knabbert sie an einem der vielen Blätter. „Lecker! Köstlich!", schmatzt sie und nach einer Weile hat sie das ganze Blatt verspeist. Nach fünf Wochen hat Louise bereits etliche Blätter angeknabbert und wundert sich, warum Liesbeth diese überhaupt nicht erntet: „Warum pflanzt sie all diese köstlichen Blätter, wenn sie gar keines essen will?" Da kommt Liesbeth herbei: „Ich glaube, die Zeit der Ernte ist gekommen. Die Blätter sind groß und saftig, da werden wohl auch die Knollen gut schmecken." Dann greift sie beherzt die Stiele unter den Blättern und zieht einmal kräftig daran. „Oh, die haben offenbar jemandem geschmeckt", lacht sie, als sie die angeknabberten Blätter entdeckt. „Macht nichts. Die Blätter mag ich sowieso nicht. Dafür aber die scharfen Radieschen."

Louise beobachtet, wie Liesbeth all ihre geliebten Blätter aus der Erde reißt. Und sie beobachtet noch etwas: Unter der Erde ist offenbar noch etwas gewachsen. Unten an den Stielen hängen kleine, runde Kugeln, die rot leuchten. „So schöne **Radieschen** wie in diesem Jahr hatten wir noch nie", freut Liesbeth sich. „Aber die müssen erst einmal gewaschen werden. Mit all dem Sand kann man sie nicht essen." Dann will sie sich bereits auf den Rückweg machen, als sie sich noch einmal umdreht. Liesbeth reißt ein paar der grünen Blätter ab und legt sie neben das Gemüsebeet. „Da die Blätter anscheinend jemandem sehr gut geschmeckt haben", schmunzelt sie „lasse ich noch welche da. So kann ich die Radieschen essen und wer auch immer es ist, die grünen Blätter. Guten Appetit!" Und mit diesen Worten geht sie zurück ins Haus. Und Louise? Die freut sich, dass Liesbeth ihr noch Blätter übrig gelassen hat. „Zum Glück mag Liesbeth lieber die roten Radieschen und ich die grünen Blätter. So bekommt jeder das, was er am liebsten hat. Und das ist doch eine feine Sache!", freut die Schnecke sich und lässt sogleich ein weiteres Radieschenblatt in ihrem Mund verschwinden.

Radieschen

Material:

- ✓ Wattepads
- ✓ rote Wasserfarbe
- ✓ Pinsel
- ✓ Becher
- ✓ wasserfeste Unterlage
- ✓ Papiertaschentücher
- ✓ grüne Fasermaler
- ✓ Pipette
- ✓ kleine Schale mit Wasser
- ✓ Teller
- ✓ weiße Wolle
- ✓ Schere
- ✓ Klebeband
- ✓ Klebstoff
- ✓ grüner und brauner Tonkarton

Durchführung:

Für das Radieschen

Rühren Sie in einem Becher Wasser mit viel roter Wasserfarbe an und legen Sie das Wattepad auf die wasserfeste Unterlage.
Mit einem Pinsel tupfen die Kinder die rote Flüssigkeit auf das Pad, bis es sich komplett damit vollgesogen hat. Das gefärbte Wattepad lassen Sie über Nacht trocknen.

Für die Blätter

Teilen Sie das Papiertaschentuch in seine einzelnen Lagen und falten Sie jede separat wieder zusammen. Pro Radieschen wird nur eine Lage benötigt. Die Kinder tupfen mit dem Fasermaler viele grüne Punkte auf eine dünne Taschentuchlage und legen es anschließend auf den Teller. Mithilfe der Pipette befeuchten sie es. Sobald die grüne Farbe mit dem Wasser in Berührung kommt, blutet sie aus und färbt das Tuch in grüne Farbschattierungen ein. Das gefärbte Taschentuchblatt lassen Sie trocknen.

Für die Wurzel

Die Kinder schneiden von der weißen Wolle ein Stück ab und befestigen es mit Klebeband auf der Rückseite des Wattepads. Das getrocknete Taschentuch falten Sie vorsichtig auseinander, drehen es mittig leicht zusammen und fixieren es ebenfalls mit Klebeband am Pad. Fertig ist ein kleines, rotes Radieschen.

Fertigstellung:

Schneiden Sie aus dem grünen Tonkarton ein etwa DIN-A4-großes Stück für das Gras zu und reißen Sie für die Erde ein braunes Stück Papier ab. Dieses kleben Sie auf den grünen Karton und befestigen das Radieschen darauf.

Zuerst wird das Wattepad betupft.

Sorgfältig werden die Blätter befeuchtet.

So sieht ein fertiges Radieschen aus.

Radieschen

Radieschen, Radieschen, sie sind ziemlich klein.
Radieschen, Radieschen schmecken wirklich fein.

Radieschen, Radieschen, lecker und gesund.
Radieschen, Radieschen sind auch kugelrund.

Radieschen, Radieschen, außen sind sie rot.
Radieschen, Radieschen schmecken gut zu Brot.

Radieschen, Radieschen, gibt's auch als Salat.
Radieschen, Radieschen sind ein bisschen hart.

Radieschen, Radieschen, beißt doch mal hinein.
Radieschen, Radieschen schmecken wirklich fein.

Gut zu wissen:
Dieser rhythmische Sprechvers wird auch als solcher gesprochen. Sie können in Tempo und Lautstärke variieren oder dazu klatschen, patschen oder stampfen.

Radieschen

Material:

- ✓ Radieschen mit Blättern
- ✓ rotes und grünes Tuch
- ✓ Messer, Brettchen, Teller

Um den Kindern Wissenswertes über Radieschen zeigen und erklären zu können, bietet sich eine Sachbetrachtung hervorragend an. Legen Sie ein paar Radieschen auf einen *Teller* und bedecken Sie die Blätter mit einem grünen, die runden Knollen mit einem roten *Tuch*. Nehmen Sie zuerst das grüne Tuch weg und zeigen Sie den Kleinen die Radieschenblätter. Stellen Sie Fragen, wie:

„Was seht ihr da?"

„Welche Farbe haben die Blätter?"

„Wer könnte solche Blätter haben?"

Nehmen Sie anschließend das rote Tuch weg und präsentieren Sie den Kleinen die Radieschen. Sicher kennen Ihre Jüngsten diese bereits aus der Geschichte und wissen, worum es sich hierbei handelt.
Geben Sie jedem Kind ausreichend Zeit zum genauen Befühlen und Betrachten und benennen Sie die einzelnen Pflanzenteile: *Blätter – Knolle –Wurzel.*

Erklären Sie den Kindern, dass das Radieschen die Wurzeln benötigt, um sich in der Erde festzuhalten, man diese aber nicht essen kann.
Natürlich dürfen die Kleinen die Radieschen nicht nur betrachten, befühlen und daran riechen, sondern sie auch probieren.
Doch bevor man diese essen kann, müssen die einzelnen Radieschen von den Blättern abgezupft werden. Dabei können die Kinder mithelfen.
Gemeinsam werden sie dann gründlich gewaschen.
Das Entfernen der Wurzeln und der restlichen Blätter müssen Sie übernehmen.
Die Kleinen dürfen nun, mit Ihrer Hilfe, die Radieschen halbieren und auf einen Teller legen.
Um ein leckeres und gesundes Frühstück zuzubereiten, können Sie Ihren Jüngsten noch weitere Gemüsesorten anbieten, die in Ihrem Gemüsebeet oder Garten wachsen, beispielsweise Gurken, Karotten oder Paprika. Auch hier helfen die Kinder bestimmt gerne beim Kleinschneiden.
Mit frischem Butterbrot und den leckeren Rohkostsorten bereiten Ihre Kleinen mit Ihrer Unterstützung ein Frühstück zu, das allen sicher gut schmecken wird. Und jeder kann die unterschiedlichen Gemüsesorten probieren. Egal ob Radieschen, Gurke, Karotte oder Paprika.

Guten Appetit.

Radieschen pflanzen

Material:

- ✓ Radieschensamen mit ihrer Verpackung
- ✓ Erde
- ✓ kleine Gießkanne und Wasser
- ✓ Pflanzenstecker (z. B. laminiertes Bild von Radieschen)

Gemeinsam mit den Kindern können Sie ganz leicht selber Radieschen anpflanzen. Zeigen Sie Ihren Jüngsten zunächst die winzigen Samen und stellen Sie Fragen, wie:

„Was könnte das sein?"

„Welche Farbe haben die Samen?"

„Sind die Körner klein oder groß?"

Berichten Sie den Kindern, dass es sich hierbei um Radieschensamen handelt, und geben Sie jedem Kind ausreichend Zeit zum genauen Betrachten und Befühlen.

Legen Sie die Verpackung der Samen dazu und erklären Sie den Kleinen, dass aus den winzigen Samenkörnern einmal große, rote Radieschen werden.

Interessiert betrachten die Kinder die winzigen Samen.

Damit diese gut wachsen können, benötigen sie Erde, Wasser und Licht, weshalb Sie nun gemeinsam mit den Kindern die Samen ins Gemüsebeet einsäen sollten. Die Kleinen können Ihnen dabei helfen, die Samen vorsichtig in die Erde zu streuen. Richten Sie sich hierbei nach der Anleitung auf der Rückseite der Verpackung.

Nun werden die Samen noch kräftig gegossen, was schon den Jüngsten viel Freude bereitet.

Damit die Kinder erkennen, welches Gemüse an welcher Stelle im Beet wächst, bietet es sich an, laminierte Schilder in die Erde zu stecken, auf denen die jeweilig angebaute Sorte abgebildet ist.

Und dann heißt es wieder einmal warten, denn es dauert einige Tage, bis die Samen zu keimen beginnen ...

Von grünen Gurken

Die **Salatgurke** zählt zu den Kürbisgewächsen und wird aufgrund ihrer Form auch als Schlangengurke bezeichnet. Es ist eine einjährige Pflanze, welche kletternd wächst und mehrere Meter lang werden kann. Es gibt sowohl kletternde als auch kriechend wachsende Gurkensorten. Ihr Stiel sowie ihre Blätter sind behaart und die Blüten leuchten von Juni bis August in einem hellen Gelb. Die Bestäubung erfolgt durch Insekten. Die Frucht der Gurke ist eine Panzerbeere, deren Fruchthülle grün ist und eine zylindrische Form mit unterschiedlich starker Krümmung aufweist. Die Oberfläche kann warzig oder glatt sein und das Fruchtfleisch ist meist weiß mit flachen Samen darin. Gurken mögen es gerne warm und sonnig, was bei der Aussaat ab Mai in den Garten berücksichtigt werden sollte.

Ganz schön groß die Gurke.

Eine Geschichte berichtet vom Wachstum der Gurken und die Kinder erfahren Interessantes über diese Pflanzen.

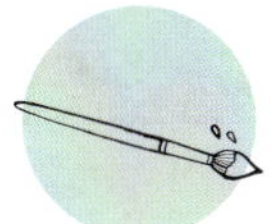

Die Kleinen dürfen ein Mobile aus diversen Gemüsesorten gestalten und schärfen damit ihren Blick für die äußere Erscheinung von Gurken, Paprika und anderem Gemüse.

Bei einem fröhlichen Spiel lernen die Kinder verschiedene Gemüsesorten kennen und helfen dabei, diese zu ernten.

Die Kleinen können selbst Gurken anpflanzen und deren Wachstum beobachten.

Die Kinder bereiten Schmetterlinge aus Gurken zu und erfahren Wissenswertes über die Verarbeitung verschiedener Gemüsesorten.

Louise und die Gurken

Das brauchen Sie:

- ✓ Liesbeth (Figur oder aus Papier)
- ✓ Korb
- ✓ Blumentöpfe
- ✓ Pflanzen/Blüten (aus Papier)
- ✓ Schaufel (Deko- oder Kinderschaufel)
- ✓ Gießkanne (Deko- oder Kindergießkanne)
- ✓ Gemüsebeet (Karton mit braunem Tuch auslegen)
- ✓ Louise (Figur oder aus Papier)
- ✓ Stöcke
- ✓ Gurken (aus Papier oder aus dem Kinderkaufladen)
- ✓ Messer (aus der Kinderküche)
- ✓ Gurkenscheibe (aus Papier)

Aus kleinen, grünen Pflänzchen wachsen große, grüne Gurken.

Liesbeth kommt in den Garten. Sie hat einen **Korb** dabei, in dem drei **Blumentöpfe** stehen, in denen kleine, grüne **Pflanzen** gewachsen sind. Sie hat auch eine **Schaufel** eingepackt und eine **Gießkanne**. „Na, dann wollen wir euch mal ein bisschen mehr Platz zum Wachsen geben", sagt sie und setzt die kleinen Pflänzchen ins **Gemüsebeet**. „Dann wachst mal schön, damit ich bald leckere Gurken ernten kann", lacht sie und geht zurück ins Haus. „Gurken!", ruft **Louise**, „habe ich etwa Gurken gehört?" Louise liebt Gurken. „Aber Gurken sind doch grün und groß. Und diese winzigen Pflanzen sehen nun wirklich nicht wie Gurken aus." Louise knabbert an einem der Blätter, aber es schmeckt ihr nicht und sie kriecht davon. Seit diesem Tag gießt Liesbeth die Pflanzen mehrmals am Tag und sie wachsen und gedeihen prächtig. Gurkenpflanzen sind nämlich sehr durstig, vor allem jetzt im Sommer. Richtig groß sind sie schon geworden. Doch davon bekommt Louise nichts mit. Seither hat sie die Gurkenpflanzen nämlich nicht mehr besucht. Warum auch? Die Blätter haben ihr ohnehin nicht geschmeckt. Liesbeth hat heute drei große **Stöcke** mitgebracht. Neben jede Gurkenpflanze steckt sie einen in die Erde und wickelt den Stiel darum. „Nun könnt ihr an eurer Kletterhilfe emporwachsen", lacht sie. Einige Zeit später wachsen an den großen Pflanzen gelbe **Blüten**. Und bereits zwei Wochen später sind aus den Blüten kleine **Gurken** geworden, die rasch größer werden. Da kriecht Louise am Gemüsebeet vorbei und wundert sich, dass darin drei große Pflanzen in den Himmel wachsen. Und wie staunt sie, als sie viele Gurken daran wachsen sieht. „Aber ... aber ...", stottert sie, „wie kann denn das sein? Wo kommen denn die vielen Gurken her?" - „Erntezeit!", ruft Liesbeth und kommt mit einem Korb herbei. Darin liegt ein **Messer**. Damit schneidet sie eine Gurke ab. „Wie schön sie gewachsen ist", jubelt sie und schneidet sogleich die erste Scheibe davon ab. Doch vor lauter Aufregung fällt ihr die **Gurkenscheibe** auf den Boden. „Oh, jetzt ist sie schmutzig! Die kann man nicht mehr essen. Ich nehme die Gurke wohl lieber mit in die Küche zum Kleinschneiden". Als Liesbeth sich auf den Rückweg macht, kriecht Louise zu der heruntergefallenen Gurkenscheibe. „Die ist dann wohl für mich", freut sie sich und knabbert sogleich daran. „Hmm, köstlich! Schade nur, dass ich verpasst habe, wie die Pflanzen groß geworden und Blüten daran gewachsen sind. Aber zum Essen bin ich wenigstens pünktlich gekommen!", kichert sie zufrieden.

Gemüse-Mobile

Material:

- ✓ grüner, roter, gelber und lila Tonkarton
- ✓ Schere
- ✓ Klebstoff
- ✓ Klebeband
- ✓ Schnur

Durchführung:

Für die Gurke

Bereiten Sie für die Frucht ein grünes Rechteck (5x18 cm) vor und für den Stiel einen Streifen (0,5 cm). Die Kinder schneiden am Rechteck alle vier Ecken ab und vom grünen Streifen ein etwa 5 cm langes Stück als Stiel. Diesen befestigen sie an der Gurke.

Für die Paprika

Schneiden Sie ein rotes/gelbes Quadrat zu (9x9 cm) sowie für den Stiel einen grünen Kreis (3 cm) und einen Streifen (0,5 cm). Die Kleinen schneiden am Quadrat alle vier Ecken ab. Den Kreis halbieren sie und verwenden eine Hälfte davon. Vom grünen Streifen schneiden sie ein etwa 5 cm langes Stück ab. Die Einzelteile der Paprika setzen sie mit Klebstoff zusammen.

Für die Aubergine

Bereiten Sie für die Frucht ein lila Rechteck vor (14x9 cm), für den Hut einen grünen Kreis (6 cm) und für den Stiel einen Streifen (0,5 cm). Die Kinder schneiden am Rechteck alle vier Ecken ab. Den Kreis halbieren sie und schneiden an einer Hälfte Zacken aus der Schnittkante heraus. Dabei benötigen sie Ihre Hilfe. Vom Streifen schneiden sie ein etwa 5 cm langes Stück als Stiel ab. Die Einzelteile der Aubergine setzen die Kleinen mit Klebstoff zusammen.

Fertigstellung:

Befestigen Sie die einzelnen Gemüsesorten mit Schnur aneinander, sodass ein Mobile entsteht. Die Schnur lässt sich auf der Rückseite gut mit Klebeband fixieren.

Tipp:

Die Kinder können ihr Mobile so gestalten, wie sie möchten. Mit zwei verschiedenen Paprikafarben, mit oder ohne Aubergine, ganz nach Belieben.

Zuerst wird die Gurke geschnitten.

Die Paprika entsteht.

Zuletzt ist die Aubergine an der Reihe.

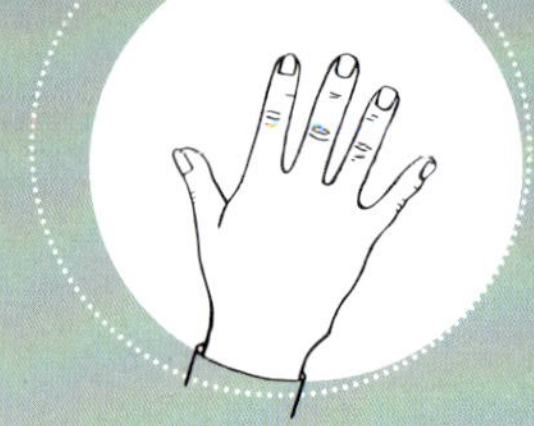

Erntezeit im Garten

Dieses Spiel können Sie leicht selbst herstellen und es ist für 2–4 Mitspieler konzipiert.

Das brauchen Sie:

- ✓ blauer, grüner, brauner, gelber, roter und orangefarbener Tonkarton (für das Gesicht der Sonne zusätzlich weiß und schwarz)
- ✓ dunkelblauer Fasermaler
- ✓ Schere
- ✓ Klebstoff, Klebeband
- ✓ Laminiergerät und Folien
- ✓ Korb
- ✓ Würfel

So fertigen Sie das Spielbrett an:

Schneiden Sie ein Rechteck (41,5x29,5 cm) aus dem blauen Tonkarton zu (Himmel). Fertigen Sie weiterhin ein grünes und ein braunes Rechteck an (jeweils 10x29,5 cm) und kleben Sie diese, wie in der Abbildung gezeigt, auf den blauen Karton auf. Zeichnen Sie mit dem Fasermaler sechs Kreise (4,5cm) auf das blaue Papier auf, dies sind die Aussparungen für die Sonne.

An **Kreis 1 und 6** bringen Sie keine Sonnenstrahlen aus gelbem Papier an (Sonne geht auf bzw. unter).

An **Kreis 2 und 5** bringen Sie wenige Strahlen an (Strahlung nimmt zu bzw. ab).

An **Kreis 3 und 4** befestigen Sie viele Sonnenstrahlen (die Sonne hat ihren Höhepunkt erreicht). Laminieren Sie das Spielbrett, damit es abwaschbar ist und Sie lange Freude daran haben. Achten Sie bei allen laminierten Teilen darauf, dass keine scharfen Kanten entstehen.

So fertigen Sie die Sonnenkarte an:

Schneiden Sie einen gelben Kreis (4,5 cm) zu, gestalten Sie ein freundliches Gesicht und laminieren Sie ihn.

So sieht das fertige Spiel aus.

So fertigen Sie die Gemüsekarten an:

Basteln Sie jeweils vier Tomaten (rot), Karotten (orange), Kartoffeln (braun) und Gurken (grün) und laminieren Sie diese. Ob Sie das Gemüse aus Papier basteln, aus Prospekten ausschneiden oder wie auch immer Sie es herstellen möchten, bleibt Ihnen überlassen.

So präparieren Sie den Würfel:

Schneiden Sie jeweils einen roten, orangefarbenen, grünen, braunen und gelben Papierkreis zu und befestigen Sie diese mit Klebeband auf dem Würfel. Fertigen Sie weiterhin einen Wunschpunktkreis (jede Farbe zu einem Viertel) an und fixieren Sie auch diesen auf dem Würfel.

Erntezeit im Garten

Aufbau des Spiels:

Die Gemüsekarten werden auf dem Spielbrett verteilt (auf braun liegen Karotten und Kartoffeln, die unter der Erde wachsen, und auf grün befinden sich Gurken und Tomaten, die über der Erde wachsen). Legen Sie Korb und Würfel bereit und platzieren Sie die Sonnenkarte in der ersten Aussparung.

Erklärung des Spiels:

Erzählen Sie den Kindern, dass im Garten das Gemüse reif ist und geerntet werden darf. Doch dies können sie nur, solange es hell ist und die Sonne scheint. Am Morgen scheint die Sonne noch nicht so stark, mittags ist die größte Hitze und am Abend geht sie langsam wieder unter. Liegt die Sonnenkarte in der letzten Aussparung des Spielbretts ist der Tag vorüber und kein Gemüse darf mehr geerntet werden. Deshalb müssen die Kinder dieses so schnell wie möglich in ihren Korb legen, bevor die Sonne untergeht.

Spielverlauf:

Gewürfelt wird reihum. Bei Rot, Orange, Grün oder Braun darf eine der entsprechenden Gemüsesorten in den Korb gelegt werden.
Bei Gelb wandert die Sonne eine Aussparung weiter und wer den Wunschpunkt würfelt, darf eine Gemüsekarte nach Wahl ernten. Wird eine Farbe gewürfelt, von der kein Gemüse mehr im Garten wächst, ist der nächste Mitspieler an der Reihe.

Spielende:

Möglichkeit A: Das Spiel ist zu Ende, wenn alle Gemüsekarten im Korb liegen, bevor die Sonne die letzte Aussparung erreicht. In diesem Fall sind die Kinder die Sieger.

Möglichkeit B: Das Spiel ist zu Ende, wenn die Sonne die letzte Aussparung erreicht, bevor das Gemüse geerntet wurde. Nun haben die Kinder das Spiel verloren.

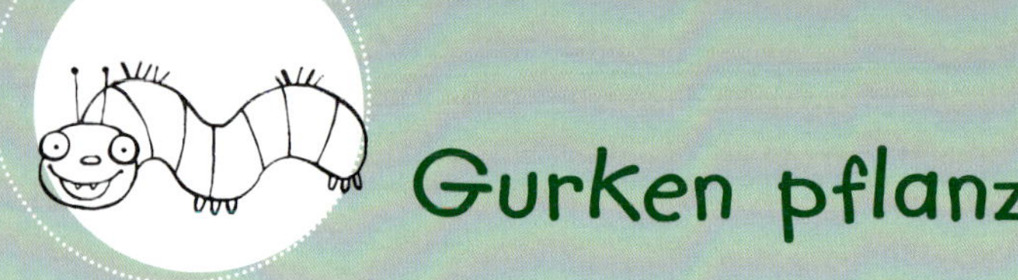

Gurken pflanzen

Material:

- ✓ Gurkenpflanze
- ✓ kleine Gießkanne mit Wasser
- ✓ Erde

Bevor Sie die Gurken in den Garten pflanzen, bietet sich eine intensive Betrachtung an. Zeigen Sie den Kindern eine Gurkenpflanze und sprechen Sie über deren Aussehen. Benennen Sie die einzelnen Pflanzenteile und geben Sie jedem Kind ausreichend Zeit zum genauen Betrachten.
Da die Blätter der Gurke leicht kitzeln und sich rau anfühlen, bitten Sie Ihre Jüngsten, diese einmal mit den Fingern zu berühren. Die Kleinen werden schnell feststellen, dass sich die Blätter ganz besonders anfühlen.
Nach eingehender Betrachtung geht es hinaus in den Garten, wo die Kinder mithelfen, ein Loch in das Gemüsebeet zu graben, in welches die Gurke gepflanzt werden soll.

Vorsichtig stecken sie die Pflanze hinein, bedecken die Wurzeln wieder mit Erde und drücken alles gut fest.
Dann wird die frisch gepflanzte Gurke noch kräftig gegossen und danach heißt es erst einmal abwarten.
Die Gurkenpflanze bekommt bald schon größere Blätter und auch ihr Stiel wird länger und dicker. Nach einer Weile bilden sich gelbe Blüten, aus denen später winzige, grüne Gurken entstehen. Wenn Sie die Pflanzen nun regelmäßig gießen – Gurken benötigen nämlich viel Wasser – werden diese rasch größer und bald schon können Sie gemeinsam die erste Salatgurke ernten. Hm, lecker …

Gurkenschmetterlinge

Aus Gurken und einigen weiteren Zutaten lassen sich im Handumdrehen schmackhafte und gesunde Schmetterlinge zubereiten, bei deren Herstellung die Kinder mithelfen können.

Zutaten:

- ✓ Salatgurke
- ✓ rote Paprika
- ✓ Scheibenkäse

Zusätzlich:

- ✓ rundes Ausstechförmchen (alternativ: Trinkglas)
- ✓ Schneidebrett
- ✓ Küchenmesser
- ✓ Sparschäler
- ✓ Servierplatte zum Anrichten oder kleine Teller
- ✓ Brot, Margarine/Butter

So sehen die Schmetterlinge aus Gurken aus.

Zubereitung:

Zeigen Sie den Kleinen zunächst die benötigten Zutaten und benennen Sie diese mit Namen. Für die Schmetterlingsflügel legen die Kinder eine Scheibe Käse auf das Schneidebrett und stechen mithilfe des Förmchens einen Kreis aus.

Gurkenschmetterlinge

Diesen schneiden sie mittig durch und legen beide Käsehälften als Flügel auf die Servierplatte oder direkt auf kleine Teller.
Mit dem Sparschäler schälen Sie die Gurke und die Kinder können beim Kleinschneiden helfen (Vorsicht mit den scharfen Messern!).
Die fertigen Gurkenstücke legen die Kleinen als Körper zwischen die beiden Käseflügel.
Für Fühler und eine hübsche Verzierung schneiden Ihre Jüngsten kleine Paprikastücke ab und legen sie an den Gurkenkörper sowie auf die Käseflügel.

Fertig sind wunderschöne Schmetterlinge aus Gurken, Paprika und Käse.
Wenn Sie diese auf der Servierplatte angerichtet haben, sollten Sie helfen, diese auf die Teller zu bringen, da die kleinen Kunstwerke natürlich schnell kaputtgehen.

Mit etwas Brot dürfen es sich alle am hübsch gedeckten Tisch gut schmecken lassen.
Hm, lecker …

Von leuchtend gelben Sonnenblumen

Die **Sonnenblume** zählt zu den Korbblütlern und ist eine krautige Pflanze, deren Wuchshöhe von winzig klein bis zu mehreren Metern Höhe variieren kann. Ihr Stängel ist behaart und die Blüte kann einen Durchmesser von 10–40 cm erreichen. Sonnenblumen sind tief wurzelnde Pflanzen, deren Bestäubung durch Insekten erfolgt. Eine Besonderheit dieser Pflanze ist es, dass sich die Blume immer dem Licht zuwendet, weshalb man sie auch als *Kompasspflanze* bezeichnet. Die Blütezeit ist von Juli bis September. Bereits seit dem 17. Jh. verwendet man die Kerne für Backwaren und ab dem 19. Jh. wurde sie als Ölpflanze genutzt. Die Sonnenblumenkerne sind die Samen der Blumen und überaus gesund, denn sie besitzen viele ungesättigte Fettsäuren, Vitamine, Magnesium etc. Auch Vögel haben die Sonnenblumen für sich entdeckt und picken deren Kerne gerne. Charakteristisch sind die goldgelben Blütenblätter, die man schon von Weitem sehen kann. Wenn man ab April die Kerne ins Beet pflanzt und diese immer ausreichend wässert, werden schon bald kleine Sonnenblumenpflanzen daraus wachsen, die rasch größer werden.

Wie schön die Sonnenblumen gewachsen sind!

Eine Geschichte erzählt vom Wachsen der Sonnenblumen und warum auch Vögel diese gerne mögen.

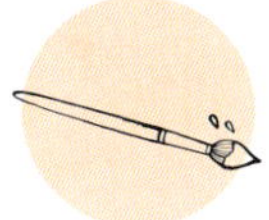

Jedes Kind darf seine eigene Sonnenblume gestalten und erfährt dabei Wichtiges über das charakteristische Aussehen dieser Pflanze.

Ein Bewegungsspiel berichtet von Sonnenblumen, regt die Kleinen zum Mitsprechen an und fördert ihre Koordination.

Die Kinder können aus Kernen Sonnenblumen anpflanzen und deren Wachstum beobachten.

Ein fröhliches Lied regt die Kleinen zum Mitsingen an und fördert ihre Musikalität.

Große, gelbe Sonnenblumen

Das brauchen Sie:

- ✓ Garten (grünes Tuch)
- ✓ Sonnenblumen (aus Papier oder echt)
- ✓ Sonne (aus Papier)
- ✓ Liesbeth (Figur oder aus Papier)
- ✓ Louise (Figur oder aus Papier)
- ✓ Vögel (Figuren oder aus Papier)
- ✓ Mama (Figur oder aus Papier)
- ✓ Mond, Sterne (aus Papier)

Grüß dich, Louise!

Es ist Spätsommer geworden und bald steht der Herbst vor der Tür. Im **Garten** sind die **Sonnenblumen** inzwischen groß geworden und ihre gelben Blüten leuchten in der **Sonne**. **Liesbeth** hat vor vielen Wochen winzige, braune Samenkörner in die Erde gesteckt und daraus sind nun große Pflanzen gewachsen. Gerade kommt sie in den Garten, als sie plötzlich stehen bleibt, was auch Louise bemerkt. Die Schnecke wundert sich: „Was hat sie denn? Warum bleibt sie auf einmal stehen?" Und dann sieht sie es: Unzählige Vögel flattern bei den Sonnenblumen herum und picken mit ihren Schnäbeln in den Blüten. „Sie picken die Körner", flüstert Liesbeths **Mama**. „Offenbar schmecken ihnen deine Sonnenblumen". - „Dann hat sich das Gießen und Pflegen ja gelohnt", lächelt Liesbeth. „Da hast du Recht. Und jetzt lass uns leise ins Haus zurückgehen, sonst verscheuchen wir die Vögel noch", antwortet ihre Mama und die beiden schleichen auf leisen Sohlen davon. Louise möchte die Blumen einmal aus der Nähe sehen, aber die Blüten wachsen ja hoch oben an den Stielen, wo auch die Vögel sind. Trotzdem kriecht die Schnecke los, immer den Stiel entlang, bis ganz hinauf. Als sie ankommt, ist es Abend. „Puh", schnauft sie, „das war anstrengend." Die Vögel sind längst davongeflogen und schlafen in ihren Nestern. Plötzlich scheint der **Mond** am Himmel und unzählige **Sterne** funkeln auf die kleine Schnecke herunter. Jetzt sieht Louise die große, wunderschöne Blüte und all die kleinen Körner darin. „Wie schön!", staunt sie. Doch irgendwann muss sie sich auf den Rückweg machen. Bald wird die Sonne aufgehen und die hungrigen Vögel werden zurückkommen. Louise kriecht langsam wieder nach unten. Und als die Sonne zum Vorschein kommt, ist sie zurück auf der Wiese und zieht sich müde in ihr Schneckenhaus zurück. Sie weiß, dass der Sommer bald vorübergehen und es erst Herbst, dann Winter werden wird. Dann ist es im Garten leer. Die Blumen werden verblüht und das Gemüse und Obst wird längst geerntet sein. Louise wird sich in der Erde vergraben, die Tür ihres Häuschens verschließen und lange schlafen. Aber bis es so weit ist, dauert es zum Glück noch ein Weilchen …

Sonnenblume

Material:

- ✓ hellblauer, gelber, brauner und grüner Tonkarton
- ✓ Schere
- ✓ Klebstoff

Die Blütenblätter werden zugeschnitten.

Durchführung:

Für die Blüte

Bereiten Sie für den Blütenkelch ein braunes Quadrat (9x9 cm) vor und für die Blütenblätter sechs gelbe Streifen (jeweils 20x2 cm). Die Kinder schneiden am Blütenkelch alle vier Ecken ab. Die gelben Streifen halbieren sie und verwenden die zwölf Stücke als Blütenblätter. Wenn gewünscht, können die Kleinen die gelben Stücke auf jeweils einer schmalen Seite noch spitz zuschneiden. Die Blütenblätter befestigen sie mit Klebstoff von hinten am Blütenkelch.

Für Stiel und Blätter

Schneiden Sie einen grünen Streifen für den Stiel zu (2 cm) und zwei Rechtecke (4x10 cm) für die Blätter. Die Kinder schneiden vom grünen Streifen ein etwa 35 cm langes Stück ab und verwenden dieses als Stiel. Die Rechtecke schneiden sie auf allen schmalen Seiten spitz zu. Blüte, Stiel und Blätter kleben sie auf den hellblauen Tonkartonbogen auf (Größe etwa DIN A3) und fertig ist eine wunderschöne Sonnenblume.

Sorgfältig wird die Blüte geklebt.

Zuletzt wird die Sonnenblume auf dem blauen Karton befestigt.

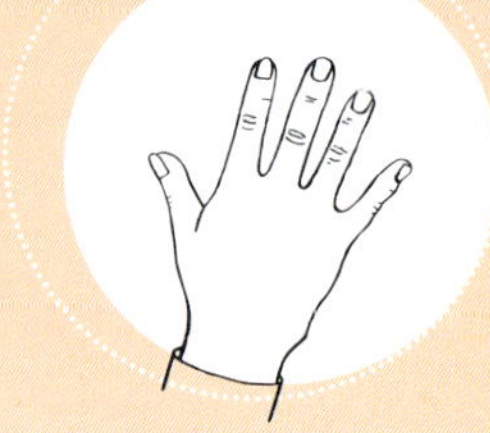

Große, gelbe Sonnenblumen

Verse sprechen …	**Finger spielen …**
Schau mal dort, in unserm Garten, blühen Blumen aller Arten.	*Hand beschattet Augen,* *Arme nach oben strecken*
Manche groß und manche klein, leuchten hell im Sonnenschein.	*Sich strecken, sich bücken,* *Finger beider Hände spreizen (Sonnenstrahlen)*
Auch Sonnenblumen wunderschön, die kann man bei uns wachsen sehn.	*Hand beschattet Augen*
Ihre Köpfe, die sind braun, sind ganz lustig anzuschaun.	*Finger deutet auf den Kopf,* *schmunzeln*
Haben Blüten gelb wie Sterne, Sonnenblumen mag ich gerne.	*Alle zehn Finger „blinken" als Sterne*
Und willst du diese einmal sehn, musst du in unsern Garten gehn.	*Ausladende Handbewegung,* *mit den Füßen stampfen*

Sonnenblumen pflanzen

Sie können mit Ihren Kindern Sonnenblumen pflanzen, die Sie zunächst im Zimmer heranzüchten und später in den Garten umpflanzen sollten.

Das brauchen Sie:

- ✓ Sonnenblumenkerne
- ✓ kleine Schüssel
- ✓ Behälter für die Erde (z. B. Plastikwanne)
- ✓ Blumenerde
- ✓ leere Joghurtbecher (500 g oder Blumentöpfe)
- ✓ kleine Schaufel
- ✓ Gießkanne
- ✓ Namensschilder

So geht es:

Legen Sie die *Sonnenblumenkerne* in die *Schüssel* und zeigen Sie den Kindern die winzigen Kerne. Geben Sie jedem ausreichend Zeit zum genauen Betrachten und Befühlen. Erklären Sie den Kleinen, worum es sich hierbei handelt und was Sie damit vorhaben. Die Kinder befüllen mit der *Schaufel* drei Viertel ihres *Joghurtbechers* mit *Blumenerde*. Dann legen sie einen oder zwei *Sonnenblumenkerne* obenauf und bedecken diese mit etwas Erde, sodass sie nicht mehr zu sehen sind. Nun müssen die Kerne noch gegossen werden. Jeder darf seine eigene Pflanze mit einer kleinen *Gießkanne* gießen. Kleben Sie kleine *Namensschilder* auf die Becher, sodass Sie die Pflanzen besser zuordnen können. Stellen Sie die Becher an einen *hellen Platz* in Ihrem Zimmer und bereits nach wenigen Tagen sind winzige Pflanzen gekeimt. Zeigen Sie diese den Kindern und sprechen Sie über die Veränderung. Auch das *regelmäßige Gießen* darf nicht vernachlässigt werden. Nach einer Weile benötigen die Blumen mehr Platz zum Wachsen. Jetzt sollten sie in den Garten umgepflanzt werden. Gleich nach dem Umpflanzen müssen diese wieder ausreichend *gegossen* werden. Nun dauert es eine Weile, aber nach und nach werden die Sonnenblumen größer und größer und Sie können diese mit den Kindern immer wieder betrachten. Und irgendwann haben sich dann wunderschöne Blüten gebildet, die in einem satten Gelb leuchten. Zeigen Sie diese den Kleinen, indem Sie sie auf den Arm nehmen, denn die Blumen sind inzwischen richtig groß geworden. Eine faszinierende Naturerfahrung, welche die Kinder über einen längeren Zeitraum begleitet, sodass sie sehen und miterleben können, dass manche Dinge Zeit und Geduld brauchen, bis sie zu etwas Wunderbarem heranreifen.

Probieren Sie es aus!

Sonnenblumen

Melodie: traditionell, „Taler, Taler, du musst wandern“ | **Text:** Eva Danner

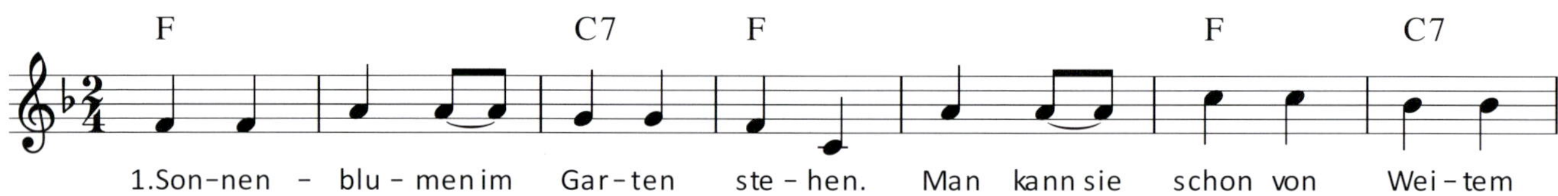

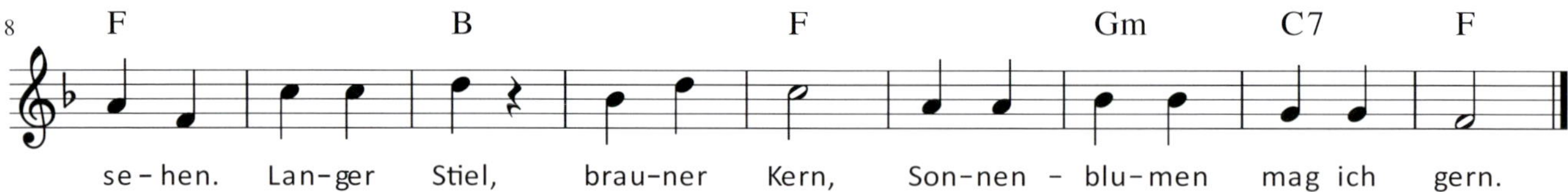

2.
Sie wiegen sich im Sonnenschein.
Ob sie nun groß sind oder klein.
Langer Stiel, brauner Kern,
Sonnenblumen mag ich gern.

3.
Sonnenblumen hinter dem Haus
strecken dort ihre Blätter aus.
Langer Stiel, brauner Kern,
Sonnenblumen mag ich gern.

4.
Sonnenblumen gelb und auch braun.
Ach, wie schön sind sie anzuschaun.
Langer Stiel, brauner Kern,
Sonnenblumen mag ich gern.

5.
Kommt ein Vogel in den Garten,
Will nun auch nicht länger warten.
Mag den Kern, pickt ihn gern,
sah die Blumen schon von fern.

Karotte, Möhre, Gelbe Rübe

Die **Karotte**, auch als **Möhre**, **Gelbe Rübe** oder **Mohrrübe** bezeichnet, ist eine Gemüsepflanze aus der Familie der Doldenblütler. Es ist eine 2-jährige Pflanze, welche eine sogenannte Pfahlwurzel bildet, die sich im Laufe des Wachstums verdickt und so zur Speicherwurzel, der eigentlichen Karotte, wird. Das Gemüse ist sehr gesund, die meisten Inhaltsstoffe befinden sich jedoch in der Rinde. Karotten kann man roh essen, kochen oder den Saft trinken, denn sie besitzen einen hohen Gehalt an Karotin, Vitamin C, Eisen und Kalium.

Ihr charakteristisches Aussehen verdankt sie den grünen Blättern und der orangefarbenen Rübe. Es gibt jedoch auch andere Farben, wie rot, weiß oder sogar violett. Die Bestäubung der Pflanzen erfolgt durch Insekten. Eine blühende Karottenpflanze ist weiß und es gibt Frühmöhren, Sommer- und Spätmöhren. Karotten bevorzugen einen sonnigen Standort, denn sie mögen Wärme.

Wie lang die Blätter der Karotten gewachsen sind!

Eine Geschichte berichtet vom Wachstum der Karotten und die Kinder erfahren etwas über das unterschiedliche Aussehen dieser Pflanzen.

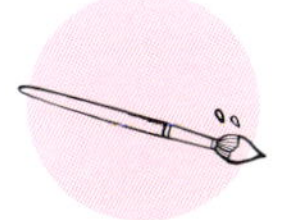

Die Kleinen können aus Papier und einer einfachen Färbetechnik eine Karotte gestalten.

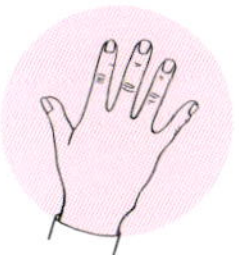

Bei einem Spiel lernen die Kinder genaues Hinschauen und beschäftigen sich mit der äußeren Erscheinung von Gartengemüse.

Rätselverse regen zum Nachdenken an und die Kleinen erfahren Wissenswertes über diverse Gemüsesorten.

Ihre Jüngsten dürfen Karotten selbst anpflanzen und deren Wachstum beobachten.

Die Kinder nehmen Karotten ganz genau unter die Lupe und können sie mit allen Sinnen wahrnehmen.

Louise und die Karotten

Das brauchen Sie:

- ✓ Louise (Figur oder aus Papier)
- ✓ Liesbeth (Figur oder aus Papier)
- ✓ Haus (aus Papier oder konstruieren)
- ✓ Möhren (aus Papier, Kaufmannsladen oder echte)
- ✓ Blätter (aus Papier oder echte)
- ✓ Regentropfen (blaue Locherpunkte)
- ✓ Hase (Figur oder aus Papier)
- ✓ Mama (Figur oder aus Papier)
- ✓ zusätzlich: Papierkarotten für die Erzählung

Gespannt betrachten die Kinder Louise und Henry im Gemüsebeet.

Louise sitzt im Beet bei den Karotten, als **Liesbeth** kommt. „Die **Möhren** sind reif", ruft sie und zieht eine aus der Erde heraus. Sie ist orange und hat dünne Wurzeln. Die **Blätter** legt sie auf den Boden. Da fallen plötzlich **Regentropfen** vom Himmel und sie rennt zurück ins Haus. Bald hört der Regen auf und **Henry Hase** kommt herbeigesprungen. „Oh, die Karotten sind reif!", sagt Henry und will bereits eine verspeisen. „Halt! Warte. Liesbeth sagte *Die Möhren sind reif.* Aber ich dachte, das hier sind Karotten", ruft Louise. „Es sind auch Karotten", antwortet Henry. „Aber warum nennt Liesbeth sie dann Möhren?" – „Keine Ahnung. Vielleicht weiß sie es nicht besser!" – „Das ist doch Quatsch! Liesbeth hat sie schließlich gepflanzt, da wird sie ja wohl wissen, wie sie heißen." – „Sie heißen nicht Möhren, sondern Karotten", ist Henry sicher. Da kommen Liesbeth und ihre **Mama** zurück. Schnell verstecken sich die zwei. „Schau, Mama, wie groß die Möhren geworden sind." – „Das sind wirklich große Karotten", antwortet ihre Mutter. „Du meinst wohl Möhren", erwidert Liesbeth. „Nun, ich kenne eine Geschichte die sich genau darum dreht. Hör zu: *Vor langer Zeit wuchs eine* ***große, orangefarbene Karotte*** *auf dem Feld. Als die Erntezeit gekommen war, konnte jeder sehen, wie schön sie war. Gleich neben ihr wuchs eine kleine,* ***weiße Karotte****. Sie war schief und krumm und sehr dünn. ‚Wie siehst denn du aus?', lachte die Große. ‚Du bist ja weiß. Richtige Karotten sind orange!' - ‚Ich bin ja auch keine Karotte. Ich bin eine Möhre', antwortete sie. Da bemerkten die beiden, wie eine lange,* ***gelbe Karotte*** *aus der Erde gezogen wurde. ‚Ach, herrje! Du bist ja gelb. Richtige Karotten sind orange. Das weiß doch jeder.' – ‚Ich bin keine Karotte, sondern eine Rübe', antwortete diese. Da sprach eine riesige,* ***rote Karotte****: ‚Möhren, Karotten, Rüben – man kann uns nennen, wie man will. Auch unsere Farbe spielt keine Rolle und auch nicht, ob wir klein, groß, dick oder dünn sind. Was zählt, ist nur, dass wir lecker schmecken. Also hört auf, zu streiten, und freut euch, dass jemand gekommen ist, um uns zu ernten.' Und von diesem Tag an, hörte man nie wieder einen Streit auf dem Feld*", schließt Liesbeths Mama die Erzählung. „Na, wenn das so ist", schmunzelt Liesbeth, „dann lass uns jetzt einen leckeren Karotten-Möhren-Salat zubereiten". Kurz darauf kommen Henry und Louise aus ihren Verstecken heraus. „So ist das also. Dann kannst du deine Karotten gerne auch weiterhin Möhren nennen", kichert Henry. „Und du kannst zu deinen Möhren Karotten sagen", lacht Louise. Und dann knabbert der Hase eine Karotte und die Schnecke lässt sich die grünen Möhrenblätter schmecken.

Karotte

Material:

- ✓ Papiertaschentuch
- ✓ grüne und gelbe Fasermaler
- ✓ orangearbener Tonkarton
- ✓ Pipette
- ✓ Schüssel mit Wasser (oder Becher)
- ✓ Teller (oder anderes flaches Gefäß)
- ✓ Schere
- ✓ Klebeband
- ✓ grüner Chenilledraht

Durchführung:

Für die Blätter

Falten Sie das Taschentuch auseinander, trennen es in seine einzelnen Lagen und falten Sie jede separat wieder zusammen. Für dieses Kreativangebot werden zwei Lagen benötigt.
Die Kinder tupfen mit den Fasermalern grüne und gelbe Punkte auf beide Taschentücher, legen sie auf einen Teller und befeuchten sie mit der Pipette. Sogleich beginnt ein farbenfrohes Schauspiel: Die Farben bluten aus, sobald sie mit dem Wasser in Berührung kommen, und färben die Tücher in wunderschöne Grüntöne. Lassen Sie diese über Nacht trocknen.

Für die Karotte

Bereiten Sie ein orangefarbenes Rechteck (20 x 8 cm) vor, welches die Kinder auf einer schmalen Seite spitz zuschneiden.

Fertigstellung:

Falten Sie die getrockneten Taschentücher vorsichtig wieder auseinander, greifen Sie diese am unteren Ende und drehen Sie sie leicht zusammen. Schneiden Sie von dem Chenilledraht ein etwa 10–15 cm langes Stück ab und wickeln Sie dieses um das untere Drittel der Taschentücher. Auf diese Weise sind die Blätter fest miteinander verbunden und der Draht sorgt für ausreichend Stabilität. Mit dem Klebeband fixieren Sie die Blätter von hinten an der Karotte (Diesen Arbeitsschritt müssen Sie für Ihre Jüngsten übernehmen.)
Fertig!

Zuerst werden die Taschentücher grün bemalt.

Anschließend werden die Tücher befeuchtet und färben sich grün.

Nun wird noch die Karotte zugeschnitten und alles zusammengeklebt.

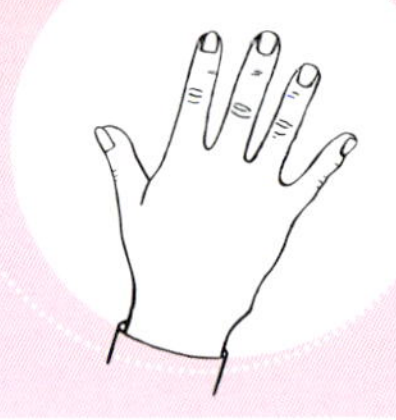

Gemüse-Memospiel

Material:

- runde Karten aus Tonkarton
- Tonkarton in unterschiedlichen Farben oder Fotos von verschiedenen Gemüsesorten
- Laminiergerät und -folien
- Korb
- Schere
- Klebstoff

Vorbereitung:

Basteln Sie aus dem Tonkarton verschiedene Gemüsesorten jeweils 2-mal, z. B. Tomate, Gurke, Radieschen, Aubergine, Karotte, Paprika. Wahlweise können Sie auch farbige Fotografien 2-fach ausdrucken. Kleben Sie die Gemüsesorten auf vorher angefertigte Spielkarten und laminieren diese, damit sie stabil und abwaschbar sind. Auf scharfe Kanten achten!

Das Spiel wird nach den bekannten Memory-Spielregeln gespielt. Zur Einführung bietet sich folgende Variante an:
Legen Sie von jeder Gemüsesorte eine Spielkarte zur Seite, die anderen Karten legen Sie in einen *Korb*. Jeder darf nun eine Karte herausnehmen und gemeinsam wird überlegt, um welche Gemüsesorte es sich handelt.

So sieht das fertige Memo-Spiel aus.

Die Karten legen die Kleinen vor sich auf den Boden, wo alle sie gut sehen können. Anschließend gilt es, die passenden Gemüsesorten zu finden. Jeder darf sich wieder eine Karte aus dem Korb nehmen.

Regen Sie die Kleinen zum Sprechen an, indem Sie Fragen stellen, wie:

„Was für eine Gemüsesorte ist auf deiner Karte zu sehen?"

„Welche Farbe hat sie?"

„Hast du so etwas schon einmal gegessen?"

Gemüsememospiel

Nun muss man ganz genau hinschauen, denn die Kinder sollen jetzt ihre Spielkarte zu der passenden, bereits am Boden liegenden Karte dazulegen.

Wurde das passende Gegenstück entdeckt, ist der Nächste an der Reihe, bis alle Gemüsesorten in 2-facher Ausfertigung auf dem Boden liegen.

Im Anschluss können Sie den Kleinen das Gemüse-Memospiel für das Freispiel anbieten.

Ein tolles Spiel, das neben Konzentration, Ausdauer und Begriffsbildung auch jede Menge Spaß macht! Und Ihre Jüngsten lernen verschiedene Gemüsesorten ganz nebenbei kennen.

Was ist das?

Sie ist orange, ein bisschen dünn
und wächst tief in der Erde drin.
Die Blätter, grün und ziemlich lang,
wachsen ganz oben an ihr dran.
Und beißt du rein, dann knackt sie laut,
sie schmeckt sehr fein, wenn man sie kaut.
Sie schmeckt auch unsrer Schneck Louise,
wie heißt denn nun dieses Gemüse?
Karotte

Zuerst die gelben Blüten blühn.
Ist sie gewachsen, ist sie grün.
Sie ist recht groß und ziemlich lang,
im Garten man sie finden kann.
Ob als Salat oder ganz frisch,
schmeckt sie auf jedem Mittagstisch.
Weißt du´s nicht, dann frag Louise:
Wie heißt denn nun dieses Gemüse?
Gurke

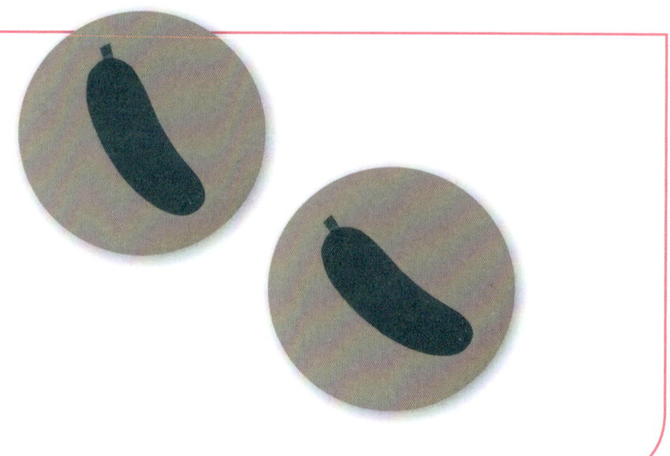

Hör gut zu! Was kann das sein?
Es ist rund und ziemlich klein.
Wächst in der Erde, gut versteckt,
drum man es auch nicht leicht entdeckt.
Beißt man hinein, dann knackt es leis,
ist außen rot und innen weiß.
Kaut man es, dann schmeckt es fein,
ein bisschen scharf, das muss so sein.
Nun, wie heißt dieses Gemüse?
Das weiß bestimmt nicht nur Louise.
Radieschen

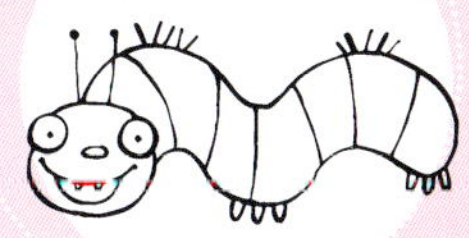

Karotten pflanzen

Material:

- Karottensamen
- Blumenerde
- kleine Gießkanne mit Wasser
- Pflanzenstecker (z. B. laminiertes Bild von Karotten)

Gemeinsam mit den Kindern können Sie leckere Karotten selbst anpflanzen. Zeigen Sie ihnen zunächst die winzigen Samen und stellen Sie Fragen, wie:

„Was könnte das sein?"

„Welche Farbe hat es?"

„Sind die Körner klein oder groß?"

Berichten Sie Ihren Jüngsten, dass es sich hierbei um Karottensamen handelt, und geben Sie jedem Kind ausreichend Zeit zum genauen Betrachten und Befühlen. Legen Sie die Verpackung der Samen dazu und erklären Sie, dass aus den kleinen, braunen Samenkörnern einmal große, orange Karotten mit grünen Blättern werden.
Damit diese gut wachsen können, benötigen sie Erde, Wasser und Licht, weshalb Sie nun gemeinsam die Samen ins Gemüsebeet einsäen sollten. Die Kinder können Ihnen dabei helfen, diese vorsichtig in die Erde zu streuen. Richten Sie sich hierbei nach der Anleitung Ihrer Packung.
Nun werden die Samen noch kräftig gegossen, was schon den Jüngsten viel Freude bereitet.

Stecken Sie ein laminiertes Schild mit einer abgebildeten Karotte ins Beet, damit die Kinder wissen, wo die Karotten wachsen. Dann heißt es erst einmal warten.

Doch schon bald sind kleine, grüne Blätter erkennbar, die aus der Erde herauswachsen.
Schnell werden diese dann größer. Vergessen Sie nicht, die Karotten regelmäßig zu gießen, damit auch die Knolle, in der Erde, gut wächst und gedeiht. Frühe Sorten können bereits zehn bis zwölf Wochen nach der Aussaat geerntet werden, indem man sie an den Blättern aus der Erde zieht. Andere Sorten brauchen jedoch 20–25 Wochen, was Sie der Anleitung der jeweiligen Sorte entnehmen können. Sobald die orangefarbenen Rüben aus dem Beet herausblitzen, weisen Sie Ihre Jüngsten darauf hin, dass es nun nicht mehr lange dauert, bis das Gemüse geerntet und natürlich auch gegessen werden kann.

Viel Spaß beim Anbauen, Ernten und Verzehren!

Karotten

Material:

- ✓ einige Karotten mit Blättern
- ✓ flacher Korb
- ✓ orangefarbenes Tuch
- ✓ grünes Tuch
- ✓ Sparschäler
- ✓ Küchenmesser
- ✓ Teller

Legen Sie einige Karotten mit Blättern in einen flachen Korb hinein. Decken Sie die Blätter mit einem grünen, die Karotten mit einem orangen Tuch ab. Lassen Sie nun die Kinder unter das grüne Tuch fassen.

Wie fühlt es sich an?

Kitzelt es?

Was könnte unter dem Tuch versteckt sein?

Nehmen Sie das grüne Tuch weg und zeigen Sie den Kleinen die Blätter. Sprechen Sie mit ihnen darüber, was dies sein könnte. Wie sieht es aus? Welche Farbe hat es? Kann man es essen?
Wer möchte, darf auch daran riechen. Riechen die Blätter?
Nun dürfen die Kinder unter das andere Tuch fassen und spüren, was sich dort versteckt hat. Sprechen Sie mit ihnen über das Erspürte. Entfernen Sie anschließend das orangefarbene Tuch und zeigen Sie ihnen die Karotten.
Jeder darf sich eine davon nehmen und genau betrachten und befühlen. Geben Sie allen dafür ausreichend Zeit. Sprechen Sie darüber, was sie in ihren Händen halten.
Mit einem Sparschäler können Sie dann die Schale entfernen und mithilfe eines Küchenmessers die Karotten in kleine Stücke schneiden. Legen Sie diese auf einen Teller und wer möchte, darf sich ein Stück nehmen und probieren.

Eine spannende Sachbetrachtung, welche alle Sinne Ihrer Krippenkinder anregt und ohne große Vorbereitungszeit durchzuführen ist!
Probieren Sie es aus, es lohnt sich!

Von Zier- und Speisekürbissen

Der **Kürbis** zählt zur Familie der Kürbisgewächse und ist eine einjährige, krautige Pflanze. Der Stängel ist niedrig oder kletternd, die Ranken mehrfach verzweigt und die Blüten groß und gelb. Die Blütezeit ist von Mai bis Juli. Der Kürbis hat große, grüne Blätter und seine Früchte sind vielsamige Panzerbeeren. Kürbisgewächse sind frostempfindlich und mögen Sonne und Wärme, was bei der Auswahl des Standorts berücksichtigt werden sollte. Es gibt viele verschiedene Arten, die sich in Form, Größe und Farbe unterscheiden. *Zierkürbisse* sind im Vergleich zum *Speisekürbis* nicht zum Verzehr geeignet und ausschließlich für Dekorationszwecke zu gebrauchen. Die Erntezeit ist von August bis November. Speisekürbisse schmecken süßlich und haben einen hohen Wassergehalt. Im Herbst können lustige Kürbisgesichter-Laternen aus ihnen hergestellt werden, in deren Innerem Kerzen brennen.

Die Kerne schmecken geröstet sehr lecker und das Fruchtfleisch kann gekocht oder zu Suppe verarbeitet werden. Der Kürbis wird auch als Heilpflanze verwendet und zählt zu den ältesten Kulturpflanzen der Welt. Er ist das größte Gemüse in unseren heimischen Gärten.

Ui, ist der Kürbis aber groß!

Eine Geschichte erzählt von einem Kürbis und die Kinder erfahren Wissenswertes über Aussehen und Wachstum dieser Pflanze.

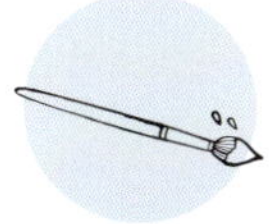

Jeder darf einen Kürbis aus Papier gestalten und fördert dabei seine Feinmotorik.

Die Kleinen nehmen verschiedene Zierkürbisse genau unter die Lupe und können Unterschiede in Größe, Form und Farbe sehen.

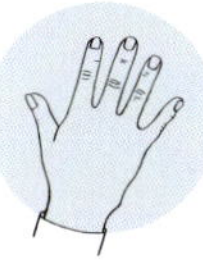

Ihre Jüngsten helfen mit, ein lustiges Kürbisgesicht zu gestalten, und schulen dabei ihre Koordination.

Die Kinder dürfen mithelfen, eine leckere Kürbissuppe zuzubereiten, und erfahren etwas über die Verarbeitung dieser Gemüsesorte.

Louise und der Kürbis

Das brauchen Sie:

- ✓ Louise (Figur oder aus Papier)
- ✓ Gemüsebeet (braunes Tuch)
- ✓ Liesbeth/Mama (Figuren oder aus Papier)
- ✓ Kürbis (echt oder aus dem Kaufmannsladen)
- ✓ Messer (aus der Kinderküche)
- ✓ Löffel
- ✓ Fruchtfleisch (orangefarbenes Seidenpapier zusammenknüllen)
- ✓ Kerne (echt, Steine o.Ä.)
- ✓ Topf
- ✓ Wasser (Krug)
- ✓ Kochlöffel
- ✓ Kürbisgesicht (echt oder aus Papier)
- ✓ Kerze

Alle bestaunen das leuchtende Kürbisgesicht.

Louise hat im **Gemüsebeet** etwas entdeckt. Es ist riesig. Da kommt **Liesbeth**. „Mama!", ruft sie. „Schau, wie groß der Kürbis geworden ist." Ihre **Mama** staunt. „Der ist wirklich riesig. Sollen wir daraus eine leckere Suppe kochen?" – „Oh, ja", ruft Liesbeth begeistert. „Wir können auch noch etwas anderes damit anstellen". – „Was denn?" – „Das ist eine Überraschung. Außerdem müssen wir ihn ohnehin erst einmal ins Haus bringen". Gemeinsam tragen sie den schweren Kürbis in die Küche. Liesbeths Mama holt ein **Messer**. Damit schneidet sie eine große Öffnung hinein. „Jetzt höhlen wir den Kürbis aus", sagt sie und gibt jedem einen **Löffel**. „Mit dem **Fruchtfleisch** kochen wir die Suppe". Die **Kerne** sammeln sie heraus. Dann schneiden sie alles in kleine Stücke und legen diese in einen **Topf**, den sie auf den Herd stellen. „Jetzt muss der Kürbis erst einmal weich kochen", sagt Mama und gießt **Wasser** hinzu. Salz und Pfeffer kommen auch noch dran. Dann rührt sie mit einem **Kochlöffel** alles um. Nach einer Weile duftet es im ganzen Haus nach Suppe. „Das Essen ist fertig!", ruft Liesbeths Mama und gibt jedem einen großen Teller Suppe, die sich die beiden dann schmecken lassen. „Hm, sie ist sehr lecker", schmatzt Liesbeth. „Aber du hast gesagt, man kann noch etwas anderes aus dem Kürbis machen." – „Stimmt. Doch das ist eine Überraschung und die muss bis morgen warten." – „Oh!" antwortet Liesbeth enttäuscht. „Sei nicht traurig. Morgen, wenn es dunkel ist, freust du dich dafür umso mehr", antwortet ihre Mama. Als Liesbeth im Bett liegt, macht sich ihre Mama an die Arbeit. Sie geht in die Küche und schneidet mit dem Messer zuerst zwei große Augen in den ausgehöhlten Kürbis, dann eine Nase und zuletzt einen großen, lachenden Mund. „So", sagt sie zufrieden, „das **Kürbisgesicht** ist fertig. Liesbeth wird staunen, wenn sie es sieht." Am nächsten Abend holt sie eine **Kerze**, zündet sie an und stellt sie in das Kürbisgesicht. Sofort leuchtet es wunderschön. Den Kürbis stellt sie in den Garten.

Als Louise ihn sieht, staunt sie. Da kommt auch Liesbeth nach draußen. „Was ist denn das für ein wunderschönes Lichtgesicht?" fragt sie. „Das ist deine Überraschung! Jetzt weißt du, was man aus einem Kürbis noch machen kann". – „So ein Kürbis ist wirklich eine feine Sache", freut Liesbeth sich. „Das stimmt. Zuerst schmeckt er fein, dann leuchtet er mit Kerzenschein", lächelt ihre Mama. Und dann betrachten die beiden ihr leuchtendes Kürbisgesicht noch lange Zeit. Und auch Louise sitzt im Gemüsebeet und freut sich über diese wunderbare Überraschung.

Kürbis

So sieht ein fertiger Kürbis aus.

Material:

- ✓ orangefarbenes und grünes Tonpapier
- ✓ Schere
- ✓ Klebstoff

Durchführung:

Fertigen Sie ein orangefarbenes Rechteck (18x21 cm) für den Kürbis an sowie ein grünes Rechteck (5x4 cm) und einen grünen Streifen (2 cm breit) für den Stiel.

Die Kinder schneiden am Kürbis alle vier Ecken ab. Das Rechteck schneiden sie auf einer schmalen Seite schräg zu und vom Streifen schneiden sie ein Stück ab. Die Einzelteile setzen sie mit Klebstoff zusammen. Fertig ist ein toller Kürbis, der im Handumdrehen gestaltet ist.

Mit viel Freude werden die Papierteile zugeschnitten.

Ist das nicht ein toller Kürbis?

Zierkürbisse

Das brauchen Sie:

- ✓ verschiedene Zierkürbisse
- ✓ Korb

Zierkürbisse weisen die unterschiedlichsten Formen und Farben auf und sind wunderschön anzuschauen. Es gibt runde und ovale, einfarbige oder bunt gemusterte. In einer interessanten Sachbetrachtung können Sie diese einzigartigen Gewächse Ihren Jüngsten ausführlich zeigen. Legen Sie *verschiedene Zierkürbisse* in einen *Korb* und jeder darf sich einen aussuchen, den er genauer betrachten möchte.

Manche sind groß, andere deutlich kleiner. Es gibt Exemplare, die beinahe wie eine Flasche aussehen, andere ähneln sternartigen Gebilden oder Birnen.

Sprechen Sie mit den Kindern über das Aussehen der einzelnen Kürbisse und regen Sie sie zum Sprechen an:

„Ist dein Kürbis groß oder klein?"

„Ist er schwer oder leicht wie eine Feder?"

„Welche Farbe hat er?"

Auf diese Weise setzen sich die Kleinen intensiv mit der äußeren Erscheinung auseinander.

Auch die Oberflächenstruktur variiert von Kürbis zu Kürbis. Manche sind glatt, andere wiederum weisen eine raue Oberfläche auf, manche sogar mit warzenähnlichen Auswüchsen. Lassen Sie die Kinder die unterschiedlichen Kürbisse intensiv befühlen und betasten, was die taktile Wahrnehmung fördert.

Am Ende der Sachbetrachtung darf jeder sagen, welcher Kürbis ihm am besten gefällt. Zwar eignen sich Zierkürbisse nicht zum Essen, doch als dekorativer Blickfang auf Regalen oder Fensterbänken sind sie wunderschön anzuschauen. Bunt und fantasievoll geformt, zeigen sie eindrucksvoll was die Natur an Farben und Formen zu bieten hat.

Probieren Sie es aus!

Kürbisgesicht

Beim Herstellen eines fröhlichen Kürbisgesichtes können alle mithelfen. Es macht viel Freude und regt die unterschiedlichsten Sinne der Kinder an: Sehen, Fühlen, Riechen (und wenn Sie aus dem Fruchtfleisch eine leckere Suppe zubereiten, wird zusätzlich der Geschmackssinn angeregt).

Das brauchen Sie:

- ✓ Tuch
- ✓ großer Speisekürbis
- ✓ Messer
- ✓ große Plastikwanne
- ✓ mehrere Löffel
- ✓ Teller oder Schüsseln

Zusätzlich:

- ✓ Kerze

Ist das ein großer Kürbis!

So geht es:

Bedecken Sie den großen Kürbis zunächst mit einem Tuch und bitten Sie die Kinder, darunterzufassen. Jeder darf spüren und raten, worum es sich hierbei handeln könnte. Dann kann der Kürbis ausgiebig betrachtet und befühlt werden. Sprechen Sie über Aussehen und Größe und weisen Sie die Kleinen auf den Stiel und dessen Funktion hin. Wer möchte, kann versuchen, den Kürbis einmal hochzuheben. Schon die Kleinsten werden schnell feststellen, wie schwer ein solcher Kürbis ist und dass es nahezu unmöglich für sie ist, diesen vom Boden aufzuheben.

Legen Sie den Kürbis nun in die *Wanne* und schneiden Sie mithilfe des *Messers* den oberen Bereich als Deckel ab. Die Kinder können sich diesen nun genauer anschauen.

Zeigen Sie ihnen die vielen *Kerne*, die überall im Fruchtfleisch stecken. Wer will, darf einen in die Hand nehmen und genauer unter die Lupe nehmen.

Und nun kommt das Beste: Mit *Löffeln* können Ihre Jüngsten mithelfen, den Kürbis auszuhöhlen. Das macht Spaß, auch wenn es ziemlich viel Arbeit ist, das ganze Fruchtfleisch aus der Schale herauszulösen. Eventuell müssen Sie die letzten Handgriffe übernehmen.

Mit dem Küchenmesser schnitzen Sie dann ein lustiges Gesicht in den Kürbis. Stellen Sie eine brennende Kerze hinein und setzen Sie den Deckel oben auf. Fertig ist ein leuchtendes Kürbisgesicht, über das sich bestimmt alle sehr freuen werden.

Gut zu wissen:

Um möglichst lange Freude an Ihrem Kürbisgesicht zu haben, sollten Sie es nachts ins Freie stellen, wo es kühl ist.

Kürbissuppe kochen

Gemeinsam mit Ihren Kindern können Sie eine leckere Kürbissuppe zubereiten. Diese schmeckt nicht nur gut, sondern ist auch sehr gesund.

Zutaten:

- ✓ 1 Speisekürbis (oder das Fruchtfleisch des ausgehöhlten Kürbisses, s. S. 95)
- ✓ 3 Kartoffeln
- ✓ 3 Karotten
- ✓ etwa 1 l Gemüsebrühe
- ✓ Muskat, Salz, frische Kräuter
- ✓ saure Sahne oder Crème Fraîche

Zusätzlich:

- ✓ Küchenmesser
- ✓ Schneidebrett
- ✓ Schüssel
- ✓ Topf
- ✓ Kochlöffel
- ✓ Pürierstab

So geht es:

Betrachten Sie zunächst die benötigten Zutaten mit den Kindern und benennen Sie diese mit Namen. Die Kleinen dürfen diese ausgiebig betrachten, in die Hand nehmen oder daran riechen. Nun schneiden Sie den oberen Teil des Kürbisses als Deckel ab und höhlen den Kürbis aus. Die Kinder dürfen dabei helfen. Dann entkernen Sie das Fruchtfleisch und schneiden es in Stücke. Dabei unterstützen die Kleinen Sie bestimmt gerne.

Dann werden die Karotten geschält und ebenfalls in Stücke geschnitten.
Hierbei ist viel Kraft nötig, denn die Karotten sind ziemlich hart. Doch bestimmt finden sich auch hierfür fleißige Helfer. Auch die Kartoffeln müssen noch klein geschnitten werden, ehe Sie alle Zutaten in einen Topf geben, die Gemüsebrühe darübergießen und alles etwa 20 Minuten gar kochen lassen.

Achten Sie darauf, dass die Kinder immer ausreichend Sicherheitsabstand zur heißen Herdplatte haben – Verbrennungsgefahr!

Mit dem Pürierstab zerkleinern Sie das Gemüse und schmecken die Suppe mit Muskat, Salz, frischen Kräutern und der sauren Sahne ab.
Guten Appetit!

Gut zu wissen:
Wenn Sie möchten, geben Sie diese heiße Suppe in den ausgehöhlten Kürbis hinein, dann haben Sie eine wunderschöne „Kürbis-Suppenschüssel".